D1725582

Giesen · Gott weiß.

Traugott Giesen

Gott weiß.

Zwölf Anregungen für Lebensmut

Radius

Traugott Giesen,
geboren 1940 in Bonn,
war zehn Jahre Pfarrer in Berlin-Neukölln
und ist seit 1976 Pastor in Keitum auf Sylt.
Seine Bücher
erscheinen seit 1987 im Radius-Verlag.

ISBN 3-87173-220-6
Copyright © 2001 by RADIUS-Verlag GmbH Stuttgart
Alle Rechte der Verbreitung, auch durch Film, Funk, Fernsehen,
fotomechanische Wiedergabe, Tonträger jeder Art,
auszugsweisen Nachdruck oder Einspeicherung
und Rückgewinnung in Datenverarbeitungsanlagen aller Art
sind vorbehalten.
Umschlag: André Baumeister - Abbildung: Kanzelkreuz
von Ernest Hofmann-IGL (1920-2001), St.-Severin-Kirche, Keitum/Sylt
Gesamtherstellung: Clausen & Bosse, Leck
Printed in Germany

Den Glauben nochmal bedenken, im Gehen ihn lernen, ihn festmachen an den Dingen, ihn wie ein Netz unter die Wirklichkeit ziehen, um diese zu halten. Nicht verschlungen werden von dem, was auf einen einstürzt, sondern sich zuordnen können, was ist; Und dem Leben entgegenkommen, damit es einem gibt, was man braucht. Also Glaube als Lotse zum Ganzen, und was was bedeutet darin und ich dabei auch.

Christlicher Glaube ist eine Sehweise, das Hiersein zu bestehen; mir ist sie die vertraute, in Zeiten der vielen Variablen mir die Konstante. Ich möchte mir Christus den Kapitän der Hinwendung zum Sinn sein lassen.

Was Halt gibt in der beschleunigten Zeit, in der Werte verfallen und Sichwohlfühlen die einzig verbliebene Währung scheint, muss jeder Mensch für sich suchen. Jeder muss seinen Glauben selber finden, aber nicht allein. Wie man in Sprache hineinwächst und wir die Stadt vorfinden, in der wir wohnen, so finden wir auch Glauben vor. Ob er passt und einem festes Herz und weiten Horizont beschafft, kann man nur erfahren.

Erzählen und bedenken, was zwischen Gott und den Menschen sich zuträgt, ist eine Lebensaufgabe. Zu Papier kommen hier höchstens Zwischenberichte vom Glauben eines Einzelnen, jetzt; Übungen, an denen auch der Verfasser noch zu tun hat.

Verschiedene Partien des Glaubens möchte ich entfalten, mir und anderen zur Stärkung. Das Schema habe ich einem Buch aus meiner Studienzeit abgeguckt: »Das Wesen des christlichen Glaubens« von Gerhard Ebeling. In Glaubenssachen gehen wir sowieso »in Fußstapfen« (Römer 4,12).- Dank denen vor uns. Und Hoffnung nach vorn, die Enkel fechten's besser aus.

Unter *www.lebensmut.de* steht es frei, an einer Diskussion über das Büchlein teilzunehmen.

Inhalt

1. Geschichte des Glaubens

Vertrauen auf einen großen Gott

Was muss man glauben, um gläubig zu sein? Wer so fragt, für den scheint der Glaube ein Fürwahrhalten vieler unkontrollierbarer Aussagen zu sein, ein intellektuelles Opfer. Doch Glaube ist Lebensmut aus Vertrauen auf einen großen Gott. Nichts gegen die Früchte des Glaubens zu sagen: Nächstenliebe und schöne Kirchen, die Stiftungen, die Abschaffung von Blutrache, die Sonntagsruhe und die herrlichen Musiken, und die Bibel als Grundstoff der deutschen Sprache - feine Früchte des Glaubens. Früchte sind auch die Konfessionen und Kirchentümer, die viel Streit auslösten und Gewalt benutzten. Aber nicht die Früchte des Glaubens sind das Wichtige, sondern der Glaube selbst.

Seit der Frühzeit der Kirche wurde der angehende Christ gefragt: Was glaubst Du? Und mit den anderen Täuflingen sprach er die zwölf Sätze des Credo: »Ich glaube an Gott, den Vater...und den Sohn... und den Heiligen Geist.« Heute scheint eine »Erweckung zum Atheismus« (Botho Strauß) los zu sein, jedenfalls ist bei Umfragen meist zu hören: »Ich weiß nicht, ist mir auch egal.«

»Glaubst Du was?« ist aber noch immer eine der tiefen Fragen etwa zwischen Liebenden. Es geht dann nicht um Details, wie Seelenwanderung oder Jüngstes Gericht, sondern ob der andere ihr Lieben in der großen Liebe verwurzelt sieht.

Vielleicht ist dem Mann das nicht geheuer. Vielleicht hält er Wissen und Glauben gern auseinander, hält sich an seinen Mathelehrer von einst; als der Junge einmal den Satz des Pythagoras an der Tafel demonstrieren sollte, fing er an: »Ich glaube: a^2 plus...« weiter kam er schon nicht. Der Lehrer donnerte dazwischen: »Wir haben hier Mathe und nicht Religion: Hier heißt es: ›Ich weiß‹. Der Religion reicht: ›Ich glaube‹.«

Der Lehrer meinte es gut, aber er sitzt dem Missverständnis auf, der Glaube sei ein minderes Wissen, oder sogar, als würde Wissen den Glauben ablösen, wie exakt vermessene Landkarten die ahnungsvollen Pergamente überflüssig machten. Dabei ist doch Glaube das Mark allen Wissens - im Blick auf Landkarten: sie zeichnen auf, wo's lang geht. Aber was einen treibt, sich auf den Weg zu machen, ist Glaube. Wie auch die Braut den Mann nicht aus irgendeinem Sachwissen liebt, sondern aus Vertrauenswissen: Der Mensch ist mir von Gott, vom Leben, von der Liebe anvertraut.

Dies könnte auch dem Lehrer gefallen: Das eine ist Vernunftwissen, das andere ist Vertrauenswissen; ein ganz anderes, drittes ist das Feld voll Dunst und Wabern, voller Meinen und Mögen, voller Ungefähr. Dafür ist das Wort »glauben« zu schade; das kommt ja von »geloben«, meint ein Herzenswissen, wie es in »ich glaube Dir« erhalten ist. (Darum, auf die Frage nach der Uhrzeit besser nicht sagen: »Ich glaube, 16 Uhr« sondern: »Etwa 16 Uhr« - nur nebenbei).

Geschichte und Vertrauenswissen, genannt Glaube - wie geht das zusammen? Der Junge, als Beispiel, meint, die Liebesgeschichte mit seiner Braut sei ein Ablauf von Geschehnissen, der ist halt so; mit einer Unschärfe am Anfang und dann den zwangsläufigen Folgen; was man dazu glaubt, ist nicht wichtig; die Fakten zählen. Die Frau aber fädelt all die Ereignisse auf die Perlenschnur ihres Gaubens auf. Die Frau sieht Geschehen und Glauben, Tatsache und Bedeutung als zwei Seiten eines Ganzen. So wird sie auch mal Kinder inklusiv Biologie und Mühen als Gaben und Aufgaben annehmen, als Kinder Gottes, bei irdischen Eltern geerdet; wird sich vielleicht als das offene Ende Gottes sehen, ihre Mutterliebe als das Heimatstiftende hier, wie auch das Kind die Brust der Mutter als »Gott zum Anfassen«, als Projektionsleinwand für Alles« begreift. Der Mann sieht wohl Geschichte und Glaube nebeneinander herlaufen, bis dann ein Kind ihm im Arm liegt. Und die Hebamme sagt: »Das ist ihr Kind.« Dann ist alles Sachwissen egal und der Mann wird zum Vater durch sein Vertrauenswissen: »Ja, ich bin Dein Vater.« Wenn, ja, wenn die Gnade, lieben zu können, ihn ergreift.

Eine Liebesgeschichte voller Missverständnisse
Glaube und Geschichte. - Ich weiß die Geschichte voll Gott, ja, die Geschichte ist Gott, der sich in Geschehen ausfaltet, sich ausstreckt in die Zukunft seiner selbst. Auch die Natur ist Gott, wie er sich entwickelt in Wachsen und Vergehen, ist sein Leib. Der Klatschmohn - eben im Garten -,und die Frau sagt: »Da steht Gott!« .Ein Kind geboren, ein neues Leben ist in die Geschichte eingetreten: Und Luther sagt: »Wer einem Kind begegnet, der begegnet Gott auf frischer Tat.«

Eigentümlich kann das einem klingen, wie aus fernen Zeiten; auch die Kirchenlieder klingen mehr als Erinnerung an den Glauben der Großeltern denn als eigene Aussage. Manch Lesende(r) hat wohl seine heiße religiöse Phase lange hinter sich und weiß nicht recht: Bin ich mit meinem Glauben geradevor oder spaziere ich eben in einem Museum christlicher Gefühle?

»Der Glaube darf nicht eine Stunde alt sein«, sagt Robert Musil. Und doch hat auch der Glaube eine Geschichte, die damit beginnt, dass die Menschen sich für mehr als einen Batzen Natur halten. Und sollte die Geschichte des Glaubens enden damit, dass der Mensch sich wieder nur für ein entwickeltes Chromosomenhäufchen hält?

Greifbar wird früher Glaube in den 20 000 Jahre alten Höhlenzeichnungen von Lascaux, den unterirdischen Kathedralen, in denen die Jäger von damals für gute Jagd dankten und um Vergebung beteten für die Schmerzen, die sie den Tieren angetan hatten. Auch frühe Bestattungssitten kann man erkennen; die Grabbeigaben deuten auf lange Fahrt; Schwert und Schlüssel, die Zeichen irdischer Macht, sollten noch im Jenseits zeigen, mit wem man es zu tun habe. - Deutet umgekehrt die kärgliche, ritenlose Abschaffung der Toten heutzutage darauf hin, dass die Geschichte des Glaubens demnächst auslaufen könnte?

Ich denke nicht an ein Verenden christlichen Glaubens. Gottes Geschichte mit seinen Menschen ist ja eine Liebesgeschichte voller Missverständnisse, voller Wunden und vor allem langwierig: Gott geht uns nur langsam auf - auch die heutigen Sinnzweifel sind Wellentäler im Element Gott. Langwierig flößt er den Menschen mehr Bewusstsein ein, sie werden lernfähig, zukunftssüchtig, verantwortlich, festlich; sie erleben die Liebesumarmung als »Feurige Flamme des Herrn«, so das Hohelied der Bibel (8,6). Und erfahren die Sprache als geistiges Wunder; die Menschen wissen sich angesprochen vom Ewigen - die Religionen sind die Dialekte zwischen Gott und den Menschen. Und sie schreiten den Raum der Freiheit aus in Tiefen der Erkenntnis, der Freude und Bösen.

Michel Houellebecq sieht in »Elementarteilchen« den Menschen im Extrem aufgespalten in zwei Brüder, den sexbesessenen Verzweifelten und den autistischen Forscher, der ein liebevolles, geschlechtloses, unsterbliches, von Ferne an Menschen erinnerndes Wesen klont. Beide Brüder leben die Reste eines großen Glaubens: Was mal »Flamme des Herrn« war, die Liebe, ist verkommen zu augenlosem, aschigen Taumel und die herrlich freien Kinder Gottes mutieren zu personlosen, todlosen Gegenüber von Nichts.

Spuren des Glaubens

Die Glaubensgeschichte Europas ist geprägt durch die Erfahrungen von Abraham und Sara, Isaak und Rebekka, Jakob und Lea/Rahel. Die Geschichte des Mose und Israels hat uns erst »Zukunft« eröffnet, bis dahin gab's nur die Wiederkehr des Gleichen. Ja, »der Wüstengott, der einst mit seiner Bundeslade über die verdorrte Ebene ziehen musste, hat Karriere gemacht« so Cees Nooteboom. Jesus ist sein Leuchtfeuermensch - der hat uns Gott in den Alltag und in den Tod hinein übersetzt: Jesus lebte mit Gott, Hand in Hand, Wort für Wort. Seitdem nennen sich Menschen Christen, weil sie dem Jesus Christus nach das Leben verstehen und es anpacken mit Glaube, Liebe, wissender Hoffnung.

Und die Geschichte dieses Glaubens mündet gerade eben hier. In diesem Augenblick des Lesens möge man gerückt sein in die Gewissheit: Gut, dass ich bin; gut, dass ich ich bin; gut, dass ich jetzt und hier bin. Auch wenn man diese Zuversicht erst ganz von unten neu kommen spürte, wie Frühling nach langem Winter.

Die Geschichte des Glaubens geht weiter mit Dir, mir und über uns hinaus. Vielleicht ist es wie mit der Sprache: auch die Sprache ist vor uns da, sie hüllt uns ein, trägt uns, lässt sich benutzen von uns, lässt sich beschädigen von uns und erweitern. Wir lassen unsere Spuren in der Sprache und wir geben sie weiter. So ist es auch mit dem Glauben: »Der Glaube kommt auf uns zu aus der Geschichte und nimmt uns hinein in seine Geschichte« (Gerhard Ebeling).

Bibellese, Glaubensgespräche, Gemeinde und kluge Lektüre geben teil an der Geschichte des Glaubens; Gottesdienste sollen Intensivstation sein. Wie Blutspenden erhalten wir Glaubensstoff voneinander, geben unserem Getauftsein frische Nahrung. - Ja, Du wurdest in den Glaubensstrom hineingetauft. Oder bist Du nur flüchtig benetzt mit einem Hauch Christentum?

Kann sein, dass die Taufe Dir keinen bleibenden Eindruck gemacht hat. Einer verglich die Taufe mit der Schluckimpfung: ein winziger Schuss Christentum macht immun gegen alles Christliche. Aber was hindert Dich, neu »in Deine Taufe zu kriechen« (Martin Luther)? Noch reicht die Geschichte des Glaubens bis hin zu Dir; und wäre der Faden auch dünn, noch kannst Du ihn verstärken, kannst Dir neue Zuversicht erglauben. Der Grund ist gelegt, christliche Tradition, ist - gerade noch? - an Dich herangetragen. Wahrscheinlich wurdest Du getauft, jedenfalls hast Du Dich nicht getauft. Du wurdest einer Kette angeschlossen, - wie Du sie fortsetzt, ob überhaupt, aber was dann?- ist fraglich.

Glauben, Geschichte, Freiheit

Die Stadt, die Sprache und der Glaube, sie sind zeitlich. Schon von unseren Eltern bis zu uns hat der Glaube eine Geschichte, schon in unserem eigenen Leben hat der Glaube sich geändert. Es kann nicht um das Reinerhalten eines ursprünglichen Glaubens gehen. »Heute, so ihr seine Stimme hört, verstocket euer Herz nicht«, ermahnt der Hebräerbrief (3,7). Heute ist immer jetzt. Jetzt ist entscheidend. Alles, was vorher war, hat Dich bis hier gebracht. Aber wie es weitergeht, heute, so Du seine Stimme hörst, das ist Deins, das ist nicht mehr Sache der Vorfahren, die waren Anlauf, gut oder schlecht, es ist, was es ist,- aber jetzt ist es Deins. Und was Du daraus mchst ist nur Deine Sache. Verstock Dein Herz nicht.

Einige Christen rufen: »Zurück zu den Quellen, zurück zu Bibel und Bekenntnis«, und wollen oder können nicht wahrhaben, dass die Bibel eine ganze Bibliothek mit einer Zeitspanne von 1800 Jahren mindestens ist. Also die Grundlagen unseres Glaubens sind selbst voller Geschichte. Die Quelle des christlichen Glaubens ist Erfahrung mit Geschichte, Jesu Erfahrung mit Gott, unterfüttert von der Erfahrung Israels mit Gott, festgehalten in den Büchern Mose, den Propheten, den Psalmen. - Jesu Erfahrung mit Krankheit, Gesetzesglauben, Liebelosigkeit ist beispielhaft. Wie auch darin Gott geschieht, offenbart Jesus.

Und eben Deine Erfahrung mit der Realität, die Dir gottvoll, leidvoll, sinnvoll, gottgesättigt ist, sie schichtet den Glauben weiter mit auf. Und mal siehst Du Leben verloren und mal erhoben, mal siehst Du das Leben gottverlassen und dann auch Gott vom Leben verlassen, mal siehst Du das Leben trunken von Gott und singst: »So ein Tag, so wunderschön wie heute« oder, was dasselbe meint »Lobe den Herrn, den mächtigen König der Ehren«, siehst Gott prallvoll Leben. Mal so, mal so.

So ist auch die große Geschichte des Glaubens voller wunderbarer Begeisterung und dann wieder voller Jammer. Die Geschichte des Glaubens ist eine Geschichte der Befreiung des menschlichen Geistes und der Drangsale und Gewissenszwänge und auch der Zweifel bis in die Krankheit zum Tode. Eine Geschichte der Menschheit ohne jüdisch-christlichen Glauben ist nicht denkbar. Und Du bist Dir nicht denkbar ohne Gottvertrauen, ohne Gewissensbildung, ohne Dankgefühl, ohne Wissen einer anderen Welt für unsere Toten. Du bist, was Du glaubst, Dein Glaube macht Dich zu dem, der Du bist.

Wir haben auch neue Erfahrung mit Gott gemacht durch die Menschen die wir neu trafen. So legt auch die Geschichte des Glaubens an Gestalt zu durch die, die den Glauben leben. Jedenfalls gehört Glaube und Geschehen zusammen, Glaube hält nicht von Geschichte fern, sondern macht uns frei, Geschichte zu gestalten. Und da Politik einen wesentlichen Teil des Geschehens bestimmt, sind Christen auch zur Gestaltung von Politik verpflichtet. Glaube spricht frei: Leb gern und mach, dass das Leben gelingt.

2. Die Urkunde des Glaubens

Das wichtigste Buch

Es ging durch die Zeitung, Eltern haben verlangt, dass die Bibel aus dem Schulunterricht verbannt werde, weil darin jugendgefährdend von Gewalt und Sex die Rede sei. Die Beschwerde wird sicher da landen, wo sie hingehört, im Papierkorb. Aber die Ahnungslosen werden mehr.

Dabei ist die Bibel das wichtigste Buch der Weltgeschichte, kein anderes hat die Geschichte der Menschheit so umgewälzt, begleitet, beflügelt, kein anderes ist so oft übersetzt, ausgelegt und kommentiert, so kritisiert und verehrt worden. Keines hat Sprache, Lebensführung, Gesetzgebung, Literatur, Politik so beflügelt und tut es bis heute.

Kein Buch inspirierte zu so vielen Bildern, Skulpturen, Musiken. »Es ist das größte Weisheitsbuch, das die Menschheit besitzt« (Jean Gebser). Niemand kann sie auslesen, weil sie einer Quelle gleicht, welche immer neues frisches Wasser gibt. Aus einem einzigen Grund bedaure ich meine Herkunft: Wäre ich kein Christ, hätte ich die Entdeckung der Bibel noch vor mir. Bibel, nach langer Entwöhnung genossen, ist wie Magie. »Ihre Sagen sind nicht Geschichte, sondern Bilder unseres Seins« (Max Frisch).

Am wichtigsten aber: die Bibel ist und bleibt die Urkunde christlichen Glaubens, die erste Kunde des von den ersten Christen Geglaubten, und die Beurkundung des Willens Gottes; so haben wir ihn schriftlich.

Allerdings ist dieser Basistext der Menschheit eine ganze Bibliothek mit Schriftstücken aus der Zeit von etwa 1300 vor bis 160 nach Christus. Und vor der Aufzeichnung hatten die ältesten Stücke schon Jahrhunderte, einige auch Jahrtausende mündlicher Überlieferung hinter sich - die alten Vorstellungen von der Weltentstehung, vom Turmbau, der Sintflut, die Fluch- und Segenssprüche, die Gebete, Lieder, die Gebote und Regeln wurden erst erzählt und verkündet und gesungen, sehr viel später erst aufgeschrieben.

Die Bibel besteht aus der Hebräischen Bibel, den Schriften, wie sie zur Zeit Jesu im Tempel von Jerusalem bewahrt (auszugsweise auch in den Synagogen) und auch von Jesus dort kommentiert wurden, und den Schriften der frühen Christenheit, im christlichen Hochgemut »Das Neue Testament« genannt, - was die Hebräische Bibel als »Das Alte Testament« zum Vorläufer stempelt. Aber die Christen lernen: Jesus widerruft das an Israel geschehene Wort Gottes nicht, sondern bestätigt und erweitert es. Auch wenn für Christen der Jesus das Wort Gottes in Person ist, bleibt doch Israel »Gottes erste Liebe« und Empfänger der ersten Offenbarungen Gottes.

Unser Glaube ist angewiesen auf Überlieferung. Menschen haben uns erzogen, die Christen waren, die auch schon von Christen stammen, wie flach oder tief deren Glaube auch war. Gottvertrauen von Christen beruft sich auf Jesus Christus, den Erstgeborenen unter vielen Geschwistern. Er hat ausgelotet, dass uns nichts scheiden kann von der Liebe Gottes.

Das hat Israel auch schon zu glauben gewagt. In einer langen Geschichte von dem Urvater Abraham über Moses und die Propheten entdeckte Israel den sprechenden Gott. Der würdigt Menschen, seinen Willen zu erkunden und zu tun. Und dem entrinnen wir nicht, gehen ihm nicht verloren.

Zwei Lieder aus dem Gesangbuch der Hebräischen Bibel, Psalm 139 und 23, stehen dem Glauben des Jesus Christus schon sehr nahe. Man könnte meinen, Jesus erprobe nur das dort besungene Gottvertrauen, und Gott würde dieses Leben als mustergültig, als schriftgemäß besiegeln mit der Auferstehung: Psalm 139: »Von allen Seiten umgibst Du mich und hältst Deine Hand über mir. Wo soll ich hinfliehen, weg von Dir? Bettete ich mich bei den Toten, bist Du da; nähme ich Flügel der Morgenröte, und flöge ans äußerste Meer, würdest Du mich dort tragen und Deine Rechte mich halten. Am Ende bin ich noch immer bei Dir.«

Und Psalm 23: »Der Herr ist mein Hirte, mir wird nichts mangeln. Ob ich auch wanderte im finsteren Tal, fürchte ich kein Unglück, denn Du bist bei mir. Und bereitest vor mir einen Tisch im Angesicht meiner Feinde - auch meiner inneren Ängste. Ich werde bleiben im Haus Gottes, immer.« Wir können Leben, Sterben, Auferwecktwerden des Jesus lesen als Auslegung dieser Psalmen.

Israel kann und muss, muss und kann auch ohne Jesus die Treue Gottes glauben. Da dürfen Christen nicht dran rühren. Hochachtung gebührt den Frommen Israels für deren Ehrfurcht gegen die Heiligen Schriften. Da landet keine Bibel aus elterlichem Übriggebliebenen im Müll. Jedes Wort, jedes Jota wenden sie unzählige Male hin und her, um ihm den endgültigen Sinn zu entlocken; jeder Bibelvers hat siebzig Bedeutungen ist das Prinzip jüdischer Schriftauslegung.

Ein Schatz von Menschenkenntnis

Die Bibel ist Gottes Wort. Aber wie das? Eine Geschichte (2. Mose 3) legt den Nerv bloß. Mose fragt die Stimme, die ihn beruft, zu Pharao zu gehen und das Volk Israel aus der Sklaverei loszubekommen: »Ja, Stimme, wie ist Dein Name, was soll ich sagen, wer mich sendet? Und die Stimme sagt: ‚JAHVE' ist mein Name - (zu deutsch: Ich werde für euch da sein.) Ja, sag: »Ich werde für euch da sein« hat mich gesandt.«

In den biblischen Schriften sind Geschichten von der Geschichte der Liebe Gottes zu seinen schwierigen Menschen erhalten; andere Religionen bewahren andere. All die Geschichten haben einen Zug von Glanz und Elend; jauchzende Glücksvereinigung gelingt und Gottes- und Menschenfinsternis.

Die Bibel ist auch ein Schatz von Menschenkenntnis, sie schönt nicht Gottes liebes Geschöpf, erzählt, wie wir geschmückt sind mit der Ehre des Geistes, und wie wir in unserer Gier nach Liebe, Macht und Geld auch hochmütig und gewalttätig werden. Sehr nüchtern schildert die Bibel unsere Irrungen und Wirrungen. Abraham verriet seine Frau, indem er sie als seine Schwester ausgab, so meinte er sich Gunst erkaufen zu können. Noahs Töchter machten ihren Vater betrunken, um ihn zu missbrauchen. König David stellt seinen Hauptmann Uria in die erste Schlachtreihe, er hatte es auf dessen Frau Bathseba abgesehen. Und wie hat Petrus seinen Herrn verraten, und wie hat die Christenheit die älteren, die jüdischen Geschwister geschändet und ermordet, millionenmal? Wie hält Gott zu Israel, wie hält Israel zu Gott? - Die Treue, der Bund ist das Thema des Alten Testamentes.

Bewahrung von Gottes Versprechen
Christen halten Jesus Christus für das konzentrierte Wort Gottes, sein Lebenslauf ist Versprechen: Wie Jesus vergibt und heilt und zurechtweist, so Gott. Und wie Jesus den Nächsten liebt, so sollen wir's auch tun.

Das Neue Testament kreist um diesen Jesus Christus, wie er jetzt Herr und Hirte der Gemeinde ist. Es sind keine historischen Berichte, sondern Evangelium für damals und darüber hinaus, Freisprüche in konkrete Geschichte. Wir brauchen keinerlei bewusste Irreführung von Seiten der Apostel oder der Evangelisten anzunehmen - die Menschen damals hatten einfach nicht den gleichen Sinn für Faktizität oder für die Bedeutung des Schriftlichen wie wir. Schreiben war mitfühlendes Teilgeben, das dürfen wir nicht vergessen. Etwas hinschreiben war zu einem gewissen Grad gleichbedeutend mit: es hervorrufen. Es war eher ein schöpferischer als ein abbildender Akt (nach John Updike).

Die Predigten der ersten Christenheit, die seelsorgerlichen Briefe des Paulus und anderer Gemeindegrößen - sie sind noch nah dran am Jesus, wie er leibte und lebte, am See Genezareth und in Jerusalem. Die Texte bewahren die erste Kunde, das Evangelium von Jesus, dann auch Jesus Christus als Evangelium, als das Versprechen Gottes.

Da gibt es Sätze, die garantiert von Jesus gesagt sind; andere die nach ihm klingen, die in seinem Sinne gesagt sind; wieder andere, die aus gutem Willen hinzu gesagt sind, aber jetzt, ohne den großmütigen Jesus, bellend vorgetragen, nur Angst machen.

Die Evangelien fußen auf Predigten der Urchristenheit, diese auf Predigten des Jesus. »In der antiken Geschichtsschreibung war es selbstverständlicher Gebrauch, den Personen Reden in den Mund zu legen, die der jeweiligen Situation des Redenden entsprechen (Thukydides). Ohne Zweifel sind die großen Reden Jesu im Johannesevangelium so zu lesen; sie stellen die Theologie und Christologie des Verfassers dieses Evangeliums dar« (Carl F. v. Weizsäcker).

Keiner hat Jesu Worte mitgeschrieben; dass er Sohn Gottes war und ist, haben seine Jünger doch erst mit der Auferweckung gemerkt. Und dann musste erst mal ein jüdischer Theologe mit Kenntnis griechischer Philosophie und römischem Recht kommen, um zu durchdenken, was mit dem Christus geschenkt ist: er das offene Ohr Gottes, die heilende Hand bei uns, wir sein Leib, er Garant der Gnade im Drama des über alle Maßen drohenden Gerichtes - dass die Ohren dafür aufgetan wurden und somit Christi Kirche entstand, das brauchte Zeit. Kirche ließ das hebräische Gesetz links liegen, sah im überlieferten Gebot »Du sollst Gott und Deinen Nächsten lieben und Dich selbst« (5. Mose 6,5; Lukas 10,27) und den Zehn Geboten (2.Mose 20) genug Richtschnur. Die frühe Christenheit sah vor allem die Ökumene - das gemeinsame Haus, sah Christus als zweiten Adam, die gesamte Menschheit rettend.

Streit um die Bibel

Seit der Urkirche ist Streit über die Auslegung, wie Geschwister streiten, was denn die Eltern wohl gemeint haben. Dieser Streit um das wahre Wort Gottes war lange auch ein Ringen um die richtige Abgrenzung, welche Schriften denn nun kanonwürdig seien. Und bis heute ist man uneins über das Wort Gottes in den Wörtern der Bibel: darum die Dogmen und Verwerfungen, die Konfessionen und Richtungen, die Ketzer, Reformationen, Sekten. Immer hängen an der richtigen Auslegung ja auch Vorrechte und Vorteile. Lange stützten die Männer ihre Vormacht mit einem männlichen Gottesbild, Herrschaften stützten ihre Autorität auf das Von-Gott-begnadet-Sein mit angeblich hochrangiger Abstammung. Rom stützt seine angebliche Unfehlbarkeit in Lehrentscheidungen auf das unhistorische Jesuswort an Petrus: »Auf Dich Felsen will ich meine Kirche gründen, Dir die Schlüssel des Himmels geben« (Matthäus 16,18f). Dabei ist Petrus von Paulus in Lehrentscheidungen um Längen zurückgestutzt worden.

Freiheit gegen den Buchstaben

Auf die Frage: Was ist Gottes Wort? nur eine explosive Stelle von Paulus. Ein Satz von ihm hat wie ein Dauergift in der Christenheit getobt: »Seid untertan der Obrigkeit, denn jede Obrigkeit ist von Gott; ihr ist das Schwert verliehen, dass sie das Strafgericht vollzieht an dem, der Böses tut« (Römer 13,1.4). Wenn sie aber selber Böses tut? Dietrich Bonhoeffer hat gewagt, gegen Hitler Widerstand zu leisten. Unsere Väter, Mütter, Großeltern in der Regel nicht, zu tief in die Seelen war gehämmert dies: »Seid untertan der Obrigkeit!« Was ist an des Paulus Meinung Wort Gottes?

Viele Christen halten die Frage schon für ungehorsam, weil doch jedes Wort der Bibel Wort Gottes sei, Wort für Wort in die Feder diktiert, verbal inspiriert. Aber das ist die Partei der Angst, die das meint; sie will die Bibel insgesamt zum Wahrheits-Tresor erklären, damit sie Gott sicher habe. Sie kommen aber doch nicht drumherum, dass es Widersprüche zuhauf in der

Bibel gibt: Wer nicht liebt, bleibt der vom Himmel ausgeschlossen - oder ist Nichtlieben schon die Hölle? Straft Gott - oder »gibt er dahin an die Folgen ihres Tuns« (nach Römer 1,28) »Heut nacht wirst Du mit mir im Paradies sein« - oder kommt der Himmel, wenn der Tod besiegt ist?

Kommen in den Himmel, die den Willen Gottes tun (Matthäus 7,21) oder gilt: »So halten wir dafür, dass der Mensch gerecht werde nicht aus des Gesetzes Werken, sondern allein durch den Glauben« (Römer 3,28), dass »Gott die Gottlosen gerecht macht« (Römer 4,5). Und der Glaube ist das Mittel, der Zugehörigkeit zu Gott gewiss zu sein. Der Glaube ist nicht die Ursache oder die Leistung für das Zugottgehören.

Mit der Gleichung, alles sei Wort Gottes, ist nichts gewonnen. Luther gab als Richtschnur aus: »Was Christum treibet« ist das Wort; Und vor allem die »viva vox evangelii«, die lebendige Stimme des Evangeliums, die Predigt, ist das Wort Gottes für heute, nicht ein Bibeltext, einfach weil er Teil eines Wort-Gottes-Archivs wäre. Dann wäre Bibel wirklich der »papierne Papst« (M. Luther) und Gott spräche nicht heute, wir hätten nur Wort-Konserven.

Christen sind auch gegenüber der Bibel zur Freiheit berufen: »Prüfet alles, aber das Gute bewahret«. Was ist das Gute? »Alles, was ihr mit Danksagung empfanget, was aufbaut und nicht gefangen nimmt.« Das ist jetzt eine Verknüpfung aus drei verschiedenen Texten des Paulus (1.Thessalonicher 5,21; 1.Timotheus 4,4; 1.Korinther 6,12) - es ist eine Verknüpfung, die ich, mit der Auslegungsgeschichte vertraut, verantworte, um Wort Gottes für heute zu wagen. Das geht auf meine Kappe, und die der Gemeinde mit den dies Lesenden. Die Gemeinde ist heilig, also gottgehörig, also geistbegabt genug, Lehre zu beurteilen.

Die Wahrheit ist im Gespräch

Darum ist jede Predigt, jeder auslegende Text nur - was heißt nur? - ein Glaubenszeugnis eines Menschen, der seinen Glauben zu sagen wagt, und andere geben ihr Zeugnis.(Wie ja auch dieses Büchlein nur eins unter Tausenden ist, ein Stimmlein im großen Chor.) So sollte nach dem Gottesdienst zum Nachgespräch geladen werden. Und auch sollte man über Texte dieser Art, gut verknüpft mit dem eigenen Leben, mit anderen reden. Denn die Wahrheit ist wie das Reich Gottes mitten unter uns erst im Anbruch, die Wahrheit ist im Gespräch.

Jedenfalls lies die Bibel, triff Dich selbst. Du tauchst in einen Erzählstrom, der Dein Lebensschiffchen aus dem Teich nimmt mit auf große Fahrt. Wenn ich länger nicht in der Bibel gelesen habe, erweitern sich die Löcher im Sieb meines Geistes. Und alles fällt durch bis auf das Gröbste, es ist, als wäre es nicht da. Es ist das Gelesene bei mir, das zum Auffangen des Erlebten dient, und ohne Gelesenes habe ich nichts erlebt (nach Elias Canetti).

3. Der Zeuge des Glaubens

Jesus Christus ist ein Doppelname

Unsere frühen Gedanken liefen schon auf ihn zu, als wir fragten: wer hat die Sonne gemacht? oder: wer hat mich zu euch Eltern gebracht? Wo ist Oma, jetzt, wo sie tot ist?

Gott, der Schöpfer, ist Ziel des Glaubens, ist auch erste Adresse im Glaubensbekenntnis. Doch wie zu ihm kommen? Wir können ihn nicht direkt ansteuern. Aber es gibt einen, der sagte von sich: »Ich bin der Weg« (Johannes 14,6).

Die intensive Kenntnis vom Schöpfergott haben wir aus der hebräischen Bibel. Diese kam über die Generationen zu uns als die Bibel des Jesus. Weil sie Jesus wichtig war, haben die Jünger Jesu und die ersten Christen die hebräische Bibel hochgehalten und deren Themen. Weil Jesus so wichtig geworden ist, kam der Gott des Abrahams und des Moses der Menschheit zur Kenntnis.

Jesus war und ist (uns Christen) der wichtigste Zeuge Gottes. Ohne ihn hätten wohl die Tiergötter Ägyptens oder die olympischen Götter Griechenlands über die Römer bei uns Einzug gehalten, oder die Heroen der Germanen und der Wikinger wären uns die Leitbilder für das Göttliche. Weil Jesus so gottvoll war und ist, darum haben wir das Gottesbild Israels in der Sicht des Jesus gelernt. Wir kommen an Gott über Jesus leichter ran. Er ist die menschliche Mündung des Ewigen, sozusagen. Und wir müssen auch nicht Gottes Angesicht dem Steinernen Buddha abschauen. C. Nooteboom erzählt aus Japan: »Man braucht nur eine Stunde vor dem großen Buddha im Todaiji-Tempel zu stehen, und das Lachen vergeht einem fast für immer. Er erschlägt mich, er verzwergt jeden mit seiner Höhe von über 16 Metern, seinem drei Meter breiten Gesicht, seiner ehrfurchtgebietenden Hand, die beschwört oder abwehrt - dieser göttliche Hagiosaurus.«

Jesus Christus ist ein Doppelname: Jesus ist der irdische, der geschichtlich Erinnerte. Und Christus ist der alle Tage bei uns Geglaubte. Jesus ist der Sohn der Maria und des Josefs, der aus König Davids Familie stammte. Er ist mit Geschwistern in Nazareth groß geworden zur Zeit des Königs Herodes. Sein hebräischer Vorname kommt von Joschua: »Gott rettet«, was mit seinem Leben darzustellen er sich auch berufen wusste. Christus ist der zur Rechten Gottes Auferstandene, »Christus«, griechisch: der Gesalbte, der Gekrönte.

Die beiden Namen verklammern das Dreißig-Jahre-Erdendasein und das Bei-uns-Bleiben durch die Zeiten, den Lebenslauf und das Ewige. Dabei sind diese Bereiche nicht klar getrennt. Das irdische Leben bekommt Glanz vom Überirdischen. Und der Überirdische behält die Nägelmale. Im irdischen Leben tut Jesus Taten, die bis dahin nur Gott vorbehalten waren - Sündenvergeben, Heilen, die »Ich-aber-sage-Euch«-Vollmacht. Und Jesus steckt Gott für immer an mit den Leiden und Schmerzen der Schöpfung.

Gottvollster Mensch oder Gott in Menschengestalt
Anfang und Ende von Jesu Lebenslauf sind voller Goldfarbe. Im Bild gesprochen: Gott legt sich bei Geburt und Tod mächtig ins Zeug, um zu zeigen: dieses Leben, ja Leben überhaupt, aber eben dieses Leben besonders, steht in Gottes Hand, kommt aus Gottes Hand, geht und bleibt in Gott. Das ist bezeichnet durch Wunder bei Geburt und Tod: gezeugt ist Jesus besonders, mittels Befehles von Gott-Vater direkt. Und Jesus stirbt ins ewige Bei-Gott-Sein, was bebildert ist mit der Auferweckung und Himmelfahrt Christi.

Die alte Kirche hat viel überlegt, wie das zu denken sei. Ist er jetzt der gottvollste Mensch oder Gott in Menschengestalt? Ragt in Jesus die Menschheit hoch zu Gott, oder ragt Gott in Jesus tief ins Irdische? »Wahrer Gott und wahrer Mensch« ist die Schlussstrichformel des Konzils von Chalcedon, 451 - lange haben die Theologen, beraten von den Weisen und Wissenden jener Zeit, das Zusammen begrübelt: »Gott, das Wort, ward Fleisch und wohnte unter uns« (Johannes1,1.14). Und ganz irdisch, erdig, darum auch versuchbar: »Niemand ist gut außer Gott« weist Jesus mal den zurecht, der ihn »guter Meister« nannte (Markus 10,18).

Der große Einfluss seiner Mutter Maria in der Urgemeinde spricht dafür, dass Jesus nicht verheiratet war, obwohl - er als Rabbi, als Schriftgelehrter galt, und die waren meist verehelicht. Vielleicht hielt er sein Leben für Familiengründung zu riskant: »Die Füchse haben Gruben, aber der Menschensohn hat kein Dach überm Kopf« (Matthäus 8,20), sagte er mal. Jesus lebte die wohl einzige Alternative zur Ehe, die innige Freundschaft, ein Jünger erscheint öfter mit dem Zusatz »den er besonders lieb hatte« (Johannes 13,23). Sicher gehörten zu seinem Freundeskreis auch Frauen; es heißt: »Viele zogen mit und dienten ihm mit ihrer Habe« (Lukas 8,39 Nahezu alle wichtigen Gespräche führt Jesus mit Frauen. Jesus für geschlechtslos zu halten, ist nur eine schöpfungsfeindliche Behauptung aus neuplatonischen Splittergruppen, die den Leib verachteten als Gefängnis der Seele. Das wiederum wuchs sich später aus zum Zölibat des Klerus: Priester als lebenslang gehorsame Söhne von Mutter Kirche mit dem Papst als »Heiligem Vater«; die Nonnen als Bräute des Christus.

Wahrer Mensch, mit Hunger und Sehnsucht und Weinen also; und ganz Gott, gehimmelt, dieser Jesus: »Ich und der Vater, wir sind eins« - extrem gesagt im Johannesevangelium 10,30. Hochwichtig ist: Die Handschrift Gottes ist in diesem Menschen lesbar. Wäre Jesus einfach nur ein guter Mensch, könnte man ihn abtun als Laune der Natur. Aber er ist entpuppt als der wahre Mensch, der endgültige, den Gott sich zum Bilde schuf, mit dem er redet, als wär's ein Stück von ihm. Jesus ist der Bevollmächtigte, er tut die Taten Gottes, ist ihm ganz nah, ja, ist mit ihm identisch, ist Inkarnation Gottes, also die Fleisch und Blut gewordene Wahrheit von allem.

Botschafter und Botschaft

Suchten wir heute ein Bild für eins im anderen, dann würden wir an ein liebendes Paar denken. Größte Nähe gebührte früher Vater und Sohn; selbstverständlich beerbte der Sohn, der Älteste, der Erstgeborene - im Glaubensbekenntnis heißt es: der »eingeborene« Sohn. Der Sohn kommt in Vollmacht des Vaters. Schon Israel wurde »Sohn Gottes« genannt - nur am Rande auch Frau - »ich will mich mit Dir verloben in Ewigkeit« (Hosea 2,21). »Ist nicht Ephraim mein lieber Sohn« (Jeremia 31,20)! Dem König wurde als Weihespruch mitgegeben: »Du bist mein lieber Sohn, heute habe ich Dich gezeugt« (Psalm 2,7). Dem Jesus wurde dann dieses Königs-Inthronisationswort als Taufwidmung zugeeignet: »Du bist mein lieber Sohn, an dem ich Wohlgefallen habe« (Markus 1,11). Die Taufe wurde als Adoption zum Sohn verstanden, jedenfalls im Markusevangelium.

Die frühen Christen haben dem Jesus das »Geboren von der Jungfrau Maria« als Zeichen seiner göttlichen Abkunft mitgegeben, wie man auch von Kaiser Augustus sagte, er sei Sohn Jupiters. Aber göttliche Herkunft braucht nicht die biologische Ausnahme. Alle Eltern, jedenfalls alle Mütter wissen, dass ihnen ein Kind Gottes anvertraut ist, auch und gerade auf dem natürlichen Weg, den Gott dafür erfunden hat.

Schon bald nach Jesu Erdenleben wird Jesus verkündigt als Sohn, als Bevollmächtigter, als zur Rechten Gottes sitzend. Diese Verwandlung ist wunderbar. Erst predigte Jesus den Glauben an Gott. Dann wurde Jesus als Christus Bestandteil des Glaubens. Erst verkündigte er, dann wird er verkündigt. Erst war er Botschafter, dann wurde er die Botschaft.

Christsein ist Gottvertrauen und tätige Liebe. Dafür ist Jesus Zeuge, Anfänger unseres Glaubens. Aber er ist auch Meister und Anlerner, Vorbild und Bruder; und Beispiel wie das sich auswirkt, in Gott zu bleiben. Jesus sagt: »Gehet hin und tuet desgleichen« und versprach: »ihr werdet noch größere Dinge tun« (Johannes 14,12).

Er ist auch Vollender unseres Glaubens, weil er uns einflößt die Zuversicht zu Gott. Ich glaube an eine Kraftübertragung, an Heiligen Geist von ihm zu uns.

Dem Jesus seinen Glauben nachglauben

Die ersten Christen sehen ihren Jesus bei Gott als so was wie einen Kanzler, der die Regierungsgeschäfte führt, der auch Richter am Ende der Zeit sein wird, dann auch als Fürsprecher für uns arme Seelen. Die Kirche ist bald eingerückt in diese Aufgaben und nimmt es in die Hand, Christi Erdenherrschaft zu gestalten. Die Reformation betont dann wieder die Verborgenheit der Herrschaft Christi und zieht Kirche aus der Politik, bei starker Verpflichtung der Christen, ihren Alltag als Gottesdienst zu bewältigen. Die Evangelischen denken bescheidener von Kirche, vielleicht aber größer von Gemeinde und dem einzelnem Christen. Rom dagegen besteht weiter auf der Stellvertretung Christi auf Erden und betrachtet den Vatikan als Staat eigener Art mit eigenen Botschaften rund um den Globus.

Ich glaube dem Jesu seinen Gott nach - gucke dem Jesus den väterlich-mütterlichen Lebensgrund ab. Ich sehe Christus als Mittler, der uns ausrichtet, dass Gott versöhnt von seinen Menschen denkt und immer noch lockt: »Lasst euch versöhnen mit Gott« (2.Korinther 5,20). Ihm seinen Gott nachglauben, das lässt ihn Meister sein. - »Einer ist euer Meister, ihr aber Geschwister« sagt Jesus mal (Matthäus23,8). Das Bild von

Jesus Christus als Herr verlangt nach Knecht und Magd - aber Bruder Christus reicht es, wenn wir einander Geschwister sind, mit ihm dem Ältesten.

Was mich an Jesus so mitreißt, ist seine Phantasie, was wohl im Sinne Gottes sei. Nicht, was geschrieben steht, sondern was dem Menschen nützt. Nicht der Mensch ist für den Sabbat da, sondern der Sabbat für den Menschen (Markus 2,27). - Und dass sich Gott mehr freut über einen, der heimfindet zum Glauben als über hundert, die nie Zweifel hatten (Matthäus 18,13). Jesus verstand den Aussatz der Aussätzigen, das Dunkel der Blinden, das wilde Elend derer, die im Genuss leben, die schwer verständliche Armut der Reichen. »Alles, was einen anderen trifft, trifft auch mich« - das lebt Jesus und sieht Gott mitdurchbohrt, geschlagen und gestreichelt, gespeist, wo Menschen sich Böses oder Gutes tun - das ist gemeint mit: »Was ihr getan habt einem dieser meiner geringsten Brüder und Schwestern, das habt ihr mir getan« (Matthäus 25,40). Er hat die eine Menschheit gedacht, unabhängig von Familien- und Nationen- und Konfessionsvorrang. Er sah sich den Kelch der leidenden Menschheit trinken, er bat am Kreuz für seine Mörder, hielt jeden der Liebe bedürftig und würdig: »Gott vergib ihnen, denn sie wissen nicht, was sie tun« (Lukas 23,34). Er stand für den Gott der Liebe ein, und hatte keine Vorgänger dafür, auf die er sich berufen konnte; er sprach aus innerster, persönlicher Überzeugung und ermutigte die anderen zu der ihren, er machte Mut zu bergeversetzendem Glauben und eröffnete den direkten Zugang zu Gott: »Euer Vater weiß, was ihr braucht (Matthäus 6,8). Und: »Wer unter euch ohne Sünde ist, der werfe den ersten Stein« (Johannes 8,7) - Schon aus diesen beiden Sätzen könnte man das ganze Geheimnis des Jesus Christus erschließen.

Und diesen Jesus zeichnet Gott aus als seinen Mund. Dem Jesus möchte ich seinen Gott glauben, an seinen Gleichnissen kann sich der verlorene Sohn, die verlorene Tochter nach Hause tasten. Dostojewski sagte das so: »Gott gewährt mir bisweilen Augenblicke, in denen ich vollkommen ruhig bin. In solchen Augenblicken fühle ich, dass ich liebe und geliebt werde. Man muss glauben, dass es nichts Schöneres, Tieferes, Weiseres, Vernünftigeres, Mutigeres, Vollkommeneres gibt als Christus. Und noch mehr: Lieber mit Christus irren, als ohne ihn recht haben.« Und: »Er war zu erleuchtet, um skeptisch zu sein« (Emile M. Cioran).

Existiert Christus? Er ist da, wenn zwei oder drei in seinem Namen ühenversammelt sind und an der Weite seines Herzens teilbekommen. Wir können mitfühlen und sind einander sehr verwandt.

4. Die Wahrheit des Glaubens

Gott, aus dem wir blühen
Die Wahrheit des Glaubens ist Gott. In der Wahrheit Gottes sein, ist: ich will mich mit ihm einlassen; vor allem, ich weiß mich eingelassen.

Also Gott nicht oben, der gestirnte Himmel über uns; auch nicht vorne, am Ziel der Geschichte nur; auch nicht Gott in uns als das Gewissen - sondern Du, ich, in ihm: »Von allen Seiten umgibst Du mich und hältst Deine Hand über mir« (Psalm 139,5) - genommen von dem Kind im Mutterleib.- Das Kind erkennt Mutter auch an. Aber viel mehr als das: das Kind lebt von ihr, in ihr, mit ihr. So umfassend Gott wissen, nicht als dünne Formel am Anfang, nicht als Gesetzgeber und Richter weit weg, nicht als theoretisches Gehirn der Weltgeschichte - sondern als Vater/ Mutter des Lebens, die Erde, aus der wir blühen, er ist die Wirklichkeit: der, die, das gute Ganze.

»In ihm leben, weben und sind wir« (Apostelgesch.17,28) - »von ihm, zu ihm, durch ihn sind alle Dinge« (Römer 11,36); und noch stärker: »Keiner lebt sich selber, keiner stirbt sich selber. Leben wir, so leben wir aus Gott, sterben wir, so sterben wir dem Herrn. Darum: wir leben oder sterben, so sind wir des Herrn (Römer 14,7f).

»Gott ist schaffendes Sein, gewährendes, nährendes Sein, nichts Getrenntes neben dem Sein der Welt, sondern ist das Zusammensein Gottes und der Welt« (G. Ebeling). Luther nennt ihn einen »glühenden Backofen voller Liebe« - also ist Gottes Sein »ein ausstrahlendes Mitteilen dessen, was ihn erfüllt« (G. Ebeling). Gott ist das, worin Raum und Zeit ist. Raum und Zeit ist Gottes Zeit-Raum und Revier, die Geschichte läuft in ihm.

Am Kreuz in Gottes Hand

Jesus war, ist Vorleber dieses In-eins-Sein mit Gott. In ihn eingelassen, redete er aus ihm: sprach vom Urteil anderer los, gab den Nächstbesten als Allernächsten auf. Jesus nahm teil an Gottes Allmacht, nahm sie in Gebrauch, etwa beim Heilen, und spricht uns dieselbe Vollmacht zu, von Gottes Allmacht auszugeben - das eröffnet uns auch die wahre Bestimmung unserer Begabungen und Vermögen - sie sind Teil der Allmacht, sind Talente aus Gottes Schatz und sind heiligmäßig zu handhaben.

Und die Feinde Jesu - wie sieht Jesus König Herodes, den Fuchs, und wie Pilatus, den Seine-Hände-in-Unschuld-Wascher? Letztlich sind sie Stacheln in Gott, widerborstig, mit denen Gott selbst fertig werden muss.

Jesus sieht das Leben als gotthaltig an, Fülle für Dank - und an den Rändern Wundmale und Kälte und Gewalt. Der Gekreuzigte steht in Gottes Hand - so auch das Bild im Keitumer Altar. Und Gott ist ein Gott der Lebenden (Markus 12,27), weil, mit Luthers Worten: »Mit wem Gott gesprochen, wie auch immer, er ist dadurch unsterblich.« Als von Gott Gemeinte haben wir Bleibe bei ihm.

Ja, er hat die Welt geschaffen und auch Dich. Aber erst mit dem Kreuz Jesu im Leib ist Gott richtig dimensioniert. Gott hat nicht nur die Welt erschaffen, wie ein Uhrmacher, der dann sein Werk laufen lässt; sondern Gott ist die Schaffe-Energie, ist die Urkraft, aus dem Nichts etwas hervorzurufen: aus der Leere die Fülle, aus dem Dunkel das Licht, aus dem Bösen das Gute, das Leben aus dem Tod. Gott ist auch des Todes Tod. Alles Vergangene ist nur Auftakt und Vorwort; alles Enden ist nun ein Münden; wie die Flüsse ins Meer, so ergießen sich unsere Ichs mit den dazugehörenden Lebensläufen in Gott - besser: wir werden von ihm eingesogen.

Gott hat teil am Leid, er unterzieht sich den Mühen seiner Schöpfung. - Er haftet für das Böse in der Welt, indem er es sich geschehen lässt, er verdirbt sich an Mord und Totschlag den Magen, aber verdaut so das Ungestalte, Ungeliebte, Unschöne, Unwerte.

Wie Jesus sich dem Bösen unterzieht, das ist Bild für Gottes Tun. Er nimmt eben nicht das Schwert, sondern auf die linke Wange geschlagen, hält er die rechte auch hin, sanftmütig trägt er die Last der Welt. Das Kreuz auf sich nehmend, trägt er die Schuld der Welt, stellvertretend. Denn er wird als Gotteslästerer aus der Gesellschaft ausgeixt. Dabei handelt die Gesellschaft gotteslästerlich, weil sie den, »der von keiner Sünde wusste« (2.Korinter 2,21) zum Sündenbock macht. Er aber lässt die Gewalt über sich ergehen, leidet lieber Unrecht, als Unrecht zu tun. Das ist unendlich viel mehr als nur ein Aufruf zur Gewaltlosigkeit; es beschreibt Gottes Inneres. Gott unterzieht sich dem Bösen, leidet es am eigenen Leib.

Und Gott schluckt und verdaut seinen ärgsten Widerspruch, den Tod, das Vernichten und Ausmachen. Im Bild: Gott hebt die Hölle auf. Wenn der Himmel für alle aufgeht und auf alle übergeht, dann ist alles gottvoll, ist Gott alles in allem (1.Korinther 15,28), und Hölle und infernalisches Unrecht ist nicht mehr. Und teilnehmen werden eben auch die Zögerlichen. »Wer immer den Tag des geringsten Anfangs verachtet hat, wird doch mit Freuden den Schlussstein sehen« (Sacharja 4,10). Ich bin sicher, dass die anderslautenden Gleichnisse nicht von Jesus sind. Gleichnisse, die die Ersteingeladenen, weil sie absagten, ewig vor die Tür stellen oder weil ihnen als törichte Brautjungfern das Öl auf den Lampen der Erwartung ausgeht, bleiben sie verbannt vom Fest - diese Schreckensbilder sollen zur Wachsamkeit mahnen. Gut gemeint, aber der Zweck heiligt gerade für Christen nicht die Mittel. Viel schwarze Pädagogik wäre der Menschheit erspart geblieben, wenn Kirche der Liebe Gottes mehr geglaubt hätte.

Wenn schon in der irdischen Raumzeit viele sich von Gott verlassen vorkamen und wenn schon zu Erdenzeiten viele sich selbst zum Gott ausriefen und sich aufspielten, als wären sie die Helden - dann wird Gott seine Kreatur doch durch den Tod hindurch reißen zu Rettung und Klärung, auch damit die Herrischen dieser Erde nicht für immer triumphieren.

Also, Gott ist Schöpfer nicht nur des Anfangs, sondern erst recht des Zukünftigen; indem er aus dem Dunkel das Licht gebiert und aus dem Bösen die Sehnsucht nach Vergebung und Heilung, und den Tod verwandelt er zur Wandelkammer für ewiges Leben. Und ist auch darin Schöpfer, dass er uns erkennen lässt.

Letzte Adresse für Dank und Klage

Ein Bild sagt, dass wir alle den Leib Christi bilden. Nimmt man das zusammen mit: Gott schuf den Menschen sich zum Bilde, als Mann und Frau - dann, wissend ein Körper besteht aus Milliarden Zellen, kann es sein, dass Gott sich durch uns Menschen einen Leib schafft, wir also seine Sinnesorgane sind, seine Bruchstücke, auch die Pixel seiner Wahrheit. Und die Sonnen sind Leuchter seines Scheinens.

Gott will nicht allein sein, darum schuf er die Welt - kurz gesagt, damit was los ist. Und schuf und schafft die Natur, weil er sprüht vor Lust, seine Energie auszufalten und zu gestalten.

Das irdische Leben ist ein Gebinde von biologischen, chemischen und physikalischen Einfällen Gottes - allein der Duft von Sellerie, die Musik von Mozart, die Farben von Tizian, die Gestaltefreude der Designerinnen, Kochkunst, Ingenieurkunst, Spielfreude, die Lust auf Kinder- alle Verwirklichungskünste sind doch Erfindungen von Gott, väterlich, mütterlicher Grund; seine Liebe und Schaffenslust ist ohne Ende, darum sind wir immer bei ihm, als Zeugen, Mitmacher und letztlich Mitfeiernde. Frederico Fellini sagte es so: »Es gibt nur einen Künstler, verteilt auf tausend Millionen Inkarnationen.«

Und uns Menschen hat er sich aus der Natur herausentwickelt zu Gefährten; was der Hund für den Menschen ist, ist in etwa der Mensch für Gott - aber uns ist mehr Freiheit eingeräumt zum Bösen, das ist unsere auch fürchterliche Größe, an der sich Gott selbst verletzt. Und wir sind auch die Co-Partner, deren Einfälle Gott auf seine noch unentdeckten Ideen bringt.

Gott ist. Gott weiß. Er ist uns letzte Adresse für Dank und Klage. Wem danken wir für die gute Heimkehr, wem klagen wir das Verlassensein? Keine irdische Instanz reicht, unser Glück zu begründen, unser Leid zu teilen. Unser Glück jauchzt zum Himmel, unsere Klage schreit gen Himmel. Wäre Gott nicht, wären alle Tränen nur Wasser, alle Freude nur Lappalie, Glück und Koma wären eins.- Aber wir rufen über Unsereinen hinaus, verdeckt unter Sehnen und Begehren flehen wir um heiligen Geist.

Andere können, müssen vielleicht Atheisten sein. Du aber lebst vom Atem Gottes und weißt es. Gott zwingt uns nicht, an ihn zu glauben, der Hund muss an seinem Herrchen hängen. Der Mensch kann nein sagen auch zu der Hand, die ihn nährt. Gott hat uns so geschaffen, dass wir uns selbst zu Göttern ausrufen können. Und es gibt eine Weltsicht, die uns verpflichtet sieht, die Welt zu regieren, als gäbe es Gott nicht. Dass Gott über allem wache und uns nur tun lasse, was er wolle - dieser Glaube ist spätestens mit Hitler und Stalin und anderen Massenmördern zerbrochen. Das war auch eine Vorstellung von Allmacht, die Jesus nie gehabt hat.

Das Böse ist der Schatten von Gottes Licht
Wohl: Es fällt kein Haar von eurem Kopf, ohne dass Gott es weiß (nach Matthäus 10,30). Alle Bewegung ist Teil von der einen unteilbaren Energie. Ihr Herz nennen wir Gott. Schwerkraft und Fliehkraft sind Gottes Macht, der Wind und der Durst und der Hunger, und die Lust, sich aneinander zu schmiegen, alles Wollen

der Menschen ist Treibekraft Gottes. Auch die missbrauchte Macht bleibt Gottes Macht. Darum haftet Gott letztlich auch für das Unrecht, das Menschen einander antun. Im Bild: Gott gibt Kain sein Zeichen, damit niemand ihn töte. Und so trägt Gott auch das Kainszeichen an sich. Das Böse in der Welt ist Schatten, den Gottes Licht wirft.

Dem steht auch nicht die Vorstellung eines Teufels entgegen. Er hatte nie die Qualität eines Ebenbürtigen, war nie »Gott dieser Welt«, wie es dem Paulus fälschlich untergekommen ist (2. Korinther 4,4), weil das damalige religiöse Klima dualistisch war - der Mensch galt als Schlachtfeld von Licht und Finsternis. Satan taucht nur am Rande der Bibel auf, vielleicht vorgestellt als ein gefallener Engel, bei Hiob eine Art Verkläger im Hofstaat Gottes. Bei Jesu Versuchung (Matthäus 4) sind dem Teufel die Anfragen in den Mund gelegt, die in Jesu eigenem Inneren aufsteigen, die Jesus aber in Schach halten kann mit den ebenfalls in seiner Seele klingenden Weisungen Gottes. Matthäus schließt: »Da verließ ihn der Teufel und die Engel dienten ihm.« Ich lese daraus, dass der Glaube an Gott uns den Teufel entwichtigen kann. Oder im Bild: »Will Satan mich verschlingen, so lass (dir) die Englein singen: Dies Kind soll unverletzt sein.«

Grob gesagt, brauchen Christen keinen Teufel. Weder zur Entlastung ihrer Verantwortung noch zum Reinwaschen Gottes. Mag er sich in der religiösen Bildersprache anbieten zur Erklärung des Bösen, so ist es doch nur das nach außen verlegte Böse, unser schwärendes Seinwollen wie Gott, unsere »Ich-lass-mir-nichts-sagen-Lust, und unsere Unterstellung, Gott behalte sich etwas vor (etwa die Unsterblichkeit oder das Wissen - so Evas Argwohn 1.Mose 3) oder Gott liebe andere mehr als einen selbst (so Kain 1.Mose 4). Wir können das Leid nicht fassen, das wir Menschen über die Welt bringen und gebracht haben. Satanische Mächte von außerhalb, über uns herfallende Killerviren, sind keine Lösung. Studiert man die Gesinnung Adolf Hitlers und die Struktur des SS-Staates, dann sieht man, wie diese Gebirge an Grauen ihre Kerne in verrücktmachender Erziehung haben, worauf die Millionen Hitlerbesessenen ihre Bosheit häuften und ihre Verzweiflung und ihre Begier zu dienen. Hätten wir Deutsche auf die Zehn Gebote gehört, hätte Hitler Malergehilfe bleiben können. So aber hat ihn vieler Leute Böses aufgebläht zum Teufel in Menschengestalt.

Es kann nicht sein, dass der Atheismus mit der Vernunft geht und der Glaube mit der Unvernunft, der Atheismus mit dem Fortschritt und der Glaube mit dem Festhalten an Vergangenem. In 11 Staaten der USA darf die Lehre Darwins im Biologieunterricht nicht mehr mitgeteilt werden, weil das dem biblischen Schöpfungsbericht widerspräche. Tut es aber nicht, wenn man Entwicklung der Arten als eine Methode des Schöpfers ansieht. Gott musste nicht Erde nehmen für den Ersten Menschen, Erde ist doch das alte Wort für Materie, Gott nahm Materie und hauchte ihm die Hörfähigkeit für Gott ein; dann kann die Materie doch statt Erde eine Sorte Affen gewesen sein, aus denen Gott seine Menschen entwickelte. Uns Menschen wäre überhaupt kein Glanz genommen, schon mit der Ameise haben wir vierfünftel identische Gene; uns steht doch ein Äffchen nun wirklich näher als ein Eimer Erde. Im anderen, jüngeren Schöpfungsbericht wird der Mensch ausdrücklich nach den Landtieren, aber am selben Tag, im selben Weltalter geschaffen (1. Mose 1).

Als Atheist wird man nicht geboren - zum Atheisten wird man gemacht, auch durch trostlose Unwahrheiten, wie etwa, Aids sei als Strafe für ungehörigen Lebenswandel von Gott geschickt. Jesus hat das Gegenteil gelebt: er heilte Kranke, weil Gott ins Leid mitgeht und hindurchführt. »Warum ist er blind?« - fragen die Jünger Jesus über einen am Wege. Und Jesus sagt: »Es hat weder er gesündigt, noch seine Eltern, sondern es sollen die Werke Gottes offenbar werden« (Johannes 9,3).

Gott ist. Das weißt Du für Dich und ich für mich. Und wenn Du es nicht weißt, dann hoffst Du es. Und wenn Du zu wissen meinst, dass er nicht ist, dann betest Du manchmal, dass Du irrst. Dein Glaube macht Dir Gott und Abgott - hat schon Luther gesagt. Mir ist Gott der, der mich ins Leben gerufen hat, der mich mit Lieben ansteckt, den ich letztlich enttäusche, und nicht nur den Nächsten - und von dem ich auch letztlich Vergebung brauche. Gott ist mir letztlich die Sättigung meiner Sehnsucht, warum das Lieben hier schon Gestreiftwerden von Gottes Atem ist.

5. Der Grund des Glauben

Er treibt uns in die Zukunft
Jesus Christus hat viele Seiten. Einmal zeigt er das Gottvertrauen. Andererseits begründet er den Glauben, seinetwegen und an ihn glauben wir. Einmal ist er Zeuge, teilt uns mit, andererseits ist er Grund und Feld des Glaubens. Wie aber wurde Jesus, der Zeuge des Glaubens, zum Geglaubten? Erst verkündigt Jesus das Wort Gottes, dann verkündigt die Kirche den Christus. Dazwischen Tod und Auferstehung - eins endet, eins beginnt. Es endet Jesu Lebens-

lauf, es beginnt der Herr Jesus Christus unter anderem mit Kirche.

Es sah nicht danach aus, dass überhaupt etwas weitergehe mit Jesus. Zu schmählich schien sein Ende: gekreuzigt als Aufrührer und Gotteslästerer zwischen zwei normalen Straffälligen. Einige Frauen, darunter seine Mutter Maria, beweinen ihn, einzelne Jünger schienen in Sichtweite noch geblieben zu sein, später wohl Bergung des Leichnams in ein Grab. Unbeteiligte sahen es so: ein guter Mensch mit starken Gedanken über Gott geriet in die Mühlen von Politik und Tempel, dann kurzer Prozess, die Anhänger flohen. Es sah nichts danach aus, dass noch was nachkomme.

Jesus hatte die Fischer Simon, Andreas, Jakobus, den Zöllner Matthäus, den mutmaßlichen Widerstandskämpfer Judas und andere von ihrer Arbeit, ihren Familien weggerufen auf einen Weg. Eine Wanderkommune war um Jesus entstanden, auch Frauen gehörten dazu; sie zogen durch Galiläa, und priesen den Gott der Liebe. Sie versuchten, Jesu Erkenntnis zu leben: »Das Himmelreich ist mitten unter euch im Anbruch« (Lukas 17,21). Als Jesus aus ihrer Mitte weggerissen wurde, »verließen ihn alle Jünger und flohen« (Matthäus 26,56). Der Freundeskreis stob auseinander, die Fischer gingen wieder an den See, der Zöllner wohl wieder an seine Schranke, andere blieben versteckt in Jerusalem, die Frauen bleiben dem Kreuz, dann dem Grabe nah.

Ein über den Tod hinausweisender Auftrag scheint nicht erteilt, kein Programm, etwa zusammen zu bleiben, war gegeben; es gab keinen Auftrag, unter neuer Leitung die Ideen weiter zu tragen. - Nur ein Wort scheint zu Lebzeiten ein Zusammenbleiben über den Tod hinaus überhaupt angedacht zu haben: Beim letzten Abendmahl gibt Jesus Weisung, oft Brot und

Wein miteinander zu teilen, »zu meinem Gedächtnis« (1. Korinther 11,24).

Doch irgendwann nach Karfreitag ist Grundstürzendes geschehen - die Jünger wissen sich gesandt: »Gehet hin in alle Welt und lehret alle Völker und taufet sie im Namen des Vaters und des Sohnes und des Heiligen Geistes« (Matthäus 28,18ff) - losgeschickt und beglaubigt vom Auferstandenen. Der irdische Jesus hat keine Kirche gegründet, keine Lehre von sich als dem Sohn Gottes gehabt, er nannte sich »Menschensohn« - was etwas mehr als Menschenkind heißt und den Schimmer künftiger Berufung bei sich gehabt haben mag.

Es gab da eine Verheißung: »Dass einer kommen wird mit den Wolken des Himmels, wie eines Menschen Sohn« (Daniel 7,13). Dieses Erwartungswort hat später formbildend gewirkt. Aber von Jesus selber gab es keine Lehre, die man einfach hätte weitergeben können. Auch ist alles Schriftliche nicht in Jesu Muttersprache, dem Aramäischen, überliefert, sondern auf Griechisch. Jesus hat nichts aufschreiben lassen. Es gab keine Lehre zum Weitersagen. Im Gegenteil, sein Sterben war für die Jünger ein großes Scheitern. Sein Sterben widerlegte doch sein Vertrauen; Gott stand nicht zu seinem Zeugen, dachten sie alle; darum die lähmende Starre nach Jesus Tod.

Ob am dritten Tage oder später - diese Lähmung wurde aufgehoben in einer Art Neuschöpfung - die Parallele zum Schöpfungsbericht liegt nahe: »Und es war finster auf der Tiefe. Und Gott sprach: Es werde Licht! Und es ward Licht« (1. Mose 1,2f). Trompeten des Lichts, dieses jauchzende Halleluja: Christ ist erstanden - das Osterereignis, ist geschehen. Die Welle dieses Sieges treibt unsere Zukunftserwartung an bis jetzt.

Die härteste Währung auf dem Markt der Hoffnung
Viele Revolutionen haben ihre Sprengkraft genommen aus der Auferstehung dieses Menschen von den Toten - »die härteste Währung auf dem Markt der Hoffnung« (Wolf Biermann).

In einer wahren Bilderflut wirkt der Auferstandene, je weiter weg vom Ereignis desto farbenprächtiger. Die Auferstehung hatte keine Beobachter - auch das spätere Bild von der Himmelfahrt ist eine Gestalt, in der sich die Erfahrung ausformt, dass Christus in einem engen Zeitraum nur den Seinen sich zeigt, dann nicht mehr, weil Jesus jetzt bei Gott ist. In Israel zeigt man gern den Fußabdruck, von wo Jesus sich gen Himmel geschwungen habe - es ist ein Bild, keine heiße Spur.

Es gibt nur indirekte Hinweise auf Jesu Auferstehung als historisches Ereignis. Der Wiederschein eines Blitzes in den Lichtgeschichten vom Auferstandenen ist da, auch das Echo vom Donner der krachenden Todespforten in den Schriften, die bis heute Hammer sind, Felsen zu zerschmeißen, Felsen der Verzweiflung und Macht - »die Herren der Erde gehen, unser Herr kommt« (Gustav Heinemann).

Offensichtlich überfiel die schon in Auflösung begriffene Jüngerschar ein Wissen, eine Inspiration, eine heilige Beatmung, »nicht von Fleisches Mund, sondern von dem, der der Töne Grund« (Gottfried Benn), widerfuhr ihnen. Nach Jahrtausenden babylonischer Sprachverwirrung war die Gabe des Verstehens über sie kommen. Auch Ausländer hörten die Jünger die großen Taten Gottes reden je in ihrer Sprache (Apostelgeschichte 2,6). Das ist das Bild von Pfingsten: Die Heimholung der Menschen zu der einen Gottesfamilie unter ihrem Meister Jesus Christus.

Jetzt nach Ostern erweist sich: Der Jesus mit seinem Gottvertrauen musste ans Kreuz, sein Glaube führte ihn in die wahrheitsgeschichtlich hochexplosive Lage: Jerusalem, Jahr 30. Dynamisch legte er die Schriften aus, kettete die Liebe Gottes ab von unserem Wohlverhalten, versprach uns die Freude Gottes entsprechend unserer Bedürftigkeit. Er heilte Not, wo er konnte, richtete Menschen auf Hoffnung aus, und sagte das Reich Gottes an für jetzt, nicht dermaleinst, sondern hier, heute, mitten unter uns im Anbruch die Fülle der Liebe. Und darum geht zuende Herrschaft von Menschen über Menschen und zuende ein unterwürfiger Gottesdienst und alle Sabbat- und Reinigungsgebote haben ausgedient; heute der Anbruch von Fülle.

Das war die Revolution zwischen Gott und Mensch. Und dem ganzen Religionsapparat am Tempel wäre der Boden entzogen, der darauf aus war, in Schutz zu nehmen gegen die Angst, die in Jahrhunderten erstarrter Gesetzlichkeit den Zeitgenossen Jesu zugewachsen war wie eine Haut. Denn jetzt war Gott ganz nah gerückt. Und dahin war die Erwartung des unmittelbaren bevorstehenden Einsturzes der Erde und das Heraufführen der neuen Welt für die (wenigen) Frommen; denn Jesus traute die Heilung dieser Erde seinem Gott zu, sah ihn jetzt am Heilmachen. Und die Römische Besatzung war kein Hassobjekt mehr, das das Volk ablenkte von den Kungeleien ihrer Herrschenden - Jesus betrachtete sie eher gelassen: gebt dem Kaiser, was des Kaisers ist, nämlich einen Teil der Münze, sie zeigt ja sein Bild, aber gebt Gott, was Gott ist, euch selbst, denn euer Antlitz weist ja auf Ihn (nach Matthäus 22,21).

Das wäre die Revolution - wenn Jesu Vollmacht erwiesen wäre. Darum musste er den Tod wegen Gotteslästerung auf sich nehmen, vielleicht auch in der Hoffnung, dass Gott ihn vom Kreuz rettet, indem er

»mehr als zwölf Millionen Engel schicke« (nach Matthäus 26,53). Jedenfalls sucht Jesus in Jerusalem die Konfrontation. Und zeugt für seine frohe Botschaft von Gott bis durch den Tod.

Nicht die gesetzliche Frömmigkeit, nicht der Tempeldienst war das Hindernis, den liebenden Gott zu wissen; was dem letztlich entgegenstand war der alles verschluckende Tod. Jesu Erfahrung durchs Sterben hindurch ist die entscheidende Offenbarung des Gottes der Liebe, die stärker ist, als der Tod (Hohelied 8,6: stark wie der Tod; 1. Korinther 13,13: die Größte).

Erst der Gekreuzigte als Auferstandener sagt das als Erfahrung. Mit seiner Fahrt durch Tod und Schwärze und, wenn es Hölle gab, dann auch mit seiner Fahrt durch die Hölle, hat Jesus Christus die Macht Gottes neu vermessen oder besser gesagt, hat Gott sich zu erkennen gegeben: vor uns nur Gott und seine Liebe, alles Gegenteilige ist wie abfließendes Wasser nach der Sintflut. Christus steht für die Rettung durch den Tod, der Tod entbindet uns ins Ewige Leben.

Sterben in Gott

Erst schien der Martertod ja das Vertrauen des Jesus zu widerlegen. Das Psalmengebet (Psalm 22) »Mein Gott, warum hast Du mich verlassen?« bewahrt den Menschenschmerz - der Gott treuer zu bleiben scheint als dieser dem Leidenden. Damit greift Jesus unter das tiefste Leid und hält es in Frage, stemmt unser Leid in Richtung Sinn, verknüpft Horror und Gott, beschwert Gott mit dem Leid der Welt. Sein Tod ist die Frage an Gott im Tod, und in der Frage gellen alle Leiden und Schmerzen, alle Sehnsucht mit.

Unser Menschentod ist eben nicht nur natürliches Verenden, sondern Schrei, Tragödie, Sehnsucht sind mit dabei. Uns steht doch mehr zu als das Nichts. Jedenfalls, wenn das Wort von M. Houellebecq stimmt: »Es gibt eine wahrgenommene Welt, eine gefühlte Welt und eine menschliche Welt.« Die menschliche Welt braucht die Hoffnung, auf ewig wahrgenommen zu sein.

Wenn Gott die Quelle des Lebens ist, dann kann er sein Geliebtes nicht vergangen sein lassen. Es gibt kein ruhiges gutes Ausklingen, einfach so als Verlöschen für uns Menschen, wenn wir die Ahnung von Gott geschmeckt haben. Uns Menschen ist das Nichts in der Idee des Todes einbegriffen - darum die Furcht vor dem Tod - auch wenn die andere Furcht, nicht zu bestehen im Gericht, verblasst ist - auch wegen zweitausend Jahren Predigt der Gnade. Wohl wahr: »Das Christentum hat nicht das Gericht erfunden sondern die Gnade« (Gomez Davilá) Mit Angst vor dem Nichts ist Jesus gestorben, vertrauenswissend, hoffend, dass Gott dann auch noch Gott ist, und in Neugier getaucht, wie das der Fall ist, und ob mit ihm, und wie Jesus noch dann er ist, wenn der Leib ihm abgezogen ist - also wie Du Gott »mich bei meiner rechten Hand hältst und mich leitest nach Deinem Rat und mich am Ende mit Ehren annimmst und wie, wenn mir gleich Leib und Seele verschmachtet, Du doch allzeit meines Herzens Trost und mein Teil bist (nach Psalm 73,23ff).

Wie das geht? Paulus versucht rührend das zu beschreiben: »Wir werden überkleidet, werden Unverwesliches anziehen« (1. Korinther 15,53). Aber er bricht diese Versuche ab, es reicht zu wissen: »Unsere Arbeit wird nicht vergeblich sein, in dem Herrn« (v. 58), unser Sehnen wird nicht leerlaufen. - Mehr hat der Jesus Christus auch nicht zu erkennen gegeben: Gott hat mich aufgefangen, und jetzt ist der Tod nicht mehr Wand, vor die das Leben knallt. Sondern Sterben verwandelt uns in neue Gegenwart bei Gott.

In Christus neu geboren

»Jesus war gerade durch den Tod als Zeuge des Glaubens zum Ziel gekommen, so nämlich, dass nun das Feuer des Glaubens zu brennen und um sich zu greifen begann« (G.Ebeling). »Wär' er nicht erstanden, so wär' die Welt vergangen« heißt es in dem mittelalterlichen Osterlied, was meint: wäre er nicht erstanden, stürben wir ins Leere, hätten nur Vergangenheit vor uns - so aber lacht Friede und Freude, In-Gott-Sein eben, Lebendigkeit auf höchstem Niveau, wie nur die größten Künstler es in Ahnungen einfangen können.

Paulus schreibt einmal: »Das ängstliche Seufzen der Kreatur harrt auf das Offenbarwerden der Kinder Gottes, denn auch die Schöpfung wird dann frei werden von der Knechtschaft der Vergänglichkeit zur herrlichen Freiheit der Kinder Gottes« (Römer 8,19 f). An Jesu Kreuzestod war die Knechtschaft der Vergeblichkeit zu sehen wie ein Brandmal - der Liebende wird so entstellt. Wenn dies das letzte Wort Gottes gewesen wäre, wir steckten alle im Kaputten und Gott mit. Ist Christus nicht auferweckt worden, so ist unser Glaube nichtig und wir stecken im Nichts fest und Gott auch (nach 1. Korinther 15,14).

Jesu Auferwecktsein besorgt nicht nur ihm eine Zukunft. Unendlich mehr entscheidet sich an Ostern. Jesu Lebenslauf ist mit seiner Gottvertrauenspredigt so verwoben, dass ein Schweigen Gottes zu Jesu Tod den Tod Gottes bedeutet hätte. Hätte Gott geschwiegen, so wäre Jesu Leben und Botschaft im Sande verlaufen. Der Zeuge wäre erledigt. Damit wären der Menschen Träume vom liebenden Gott wohl nicht ausradiert, aber in weite Ferne entrückt. Die Gewaltfratze des Todes wäre immer noch eisern.

Paulus sieht Jesu Auferweckung als Anfang der Heilung, als Anfang der Auferweckung aller Kreatur. Aber es gibt keine Beweise, die unserm Glauben vorausliegen, bis auf die Zeugnisse des Glaubens derer, die vor uns geglaubt haben, auch ohne Beweise. Sie wie wir hatten nur den Ruf des Auferstandenen: folget mir nach.

Christus, der leuchtende Planet, in Dir, mir, ist, das Inbild unserer eigenen Gotteskindschaft. Der Beweis für Christi Gegenwart ist, dass Du ein auferweckter Mensch bist.

Trauen wir der Liebe die Verwandelkraft zu? Und dass Totgesagtes aus dem Schlaf gerufen werden kann? Glauben wir den Jesus als Auferstandenen, der uns anhaucht in Liebenden? Wäre Christus tausendmal in Jerusalem auferstanden und nicht in Dir - was soll's? So aber: Du, in Christus bist eine neue Kreatur; das Alte ist vergangen, Neues ist im Werden (2. Korinther 5,17).

Substanz der Auferstehung Jesu

Nochmal: wie gehört Glaube an Gott und Glaube an Jesus Christus zusammen? Es gibt nur einen Gott - sagen wir und geben uns tolerant. Aber von welcher Seite ich ihn sehe, welche Geschichten ich mit ihm verbinde, ob ich ihn fürchte oder achte oder liebe oder meditiere, das kommt auf meine Verbindung zu ihm an. Ob Mose mein Gewährsmann ist oder Mohammed oder Buddha oder Jesus, das macht viel aus, das prägt Person und Gesellschaft.

Die Wahrheit des Glaubens ist Gott, aber der Grund, aus dem die Wahrheit zu mir hin quillt, ist Christus.- Er erweckt in mir den Glauben an den totenerweckenden Gott. Jesus durchstößt mit seinem Glauben den Tod, er ruft bildlich gesprochen: Gottesland in Sicht; am Horizont des Todes nicht das Nichts sondern Gott in seiner Fülle. Damit gibt er dem Leben einen Drive der Hoffnung wie kein anderer. Vor uns immer Gott, nicht der Tod - das ist mir die Substanz der Auferstehung Jesu, und damit ist auch das Wesen Gottes geklärt: Nicht wesentlich geht Gott rechtlich mit uns um, nicht majestätisch, nicht schweigend, nicht auf Zeit sondern zukunftbauend, verwandelnd, auf immer. Doch wie kam das Wissen zu uns?

Paulus schreibt an die Korinther: »Ich habe euch als Hauptstück überliefert, was mir auch schon überliefert wurde: nämlich, dass Christus gestorben ist für unsere Sünden nach der Schrift, und dass er begraben worden ist, und dass er auferstanden ist am dritten Tage gemäß den Schriften, und dass er erschienen ist dem Petrus, dann den Zwölfen. Danach erschien er über fünfhundert Geschwistern auf einmal, von denen die Mehrzahl noch jetzt leben, aber einige sind entschlafen. Danach erschien er dem Jacobus, dann allen Aposteln. Zuletzt von allen ist er auch von mir ... gesehen worden« (1. Korinther 15,3-8.)

Dieser Text ist etwa 26 Jahre nach dem Tod Jesu geschrieben worden, die Bekehrung des Paulus geschah wohl drei Jahre nach Jesu Tod um das Jahr 30. Paulus sagt, dass auch ihm das Ereignis schon berichtet worden ist, und dass er selbst der Erscheinung teilhaftig wurde. Am Ende einer Erscheinungskette wurde er auch noch beglückt, er, der als Christenverfolger doch einer solchen Begegnung nicht würdig war.

Paulus liegt mit seinem Bericht ganz nah am Ereignis, er kennt die Augenzeugen, sein Bericht ist deren Kontrolle ausgesetzt. Also die Auferstehung ist passiert an historischem Ort zu bestimmter Zeit. »Gestorben, begraben, auferstanden, erschienen« - ist schon Zitat, ist schon weitergesagt, ist schon Formel, wird nicht mehr bezweifelt. Er ist erschienen - nicht nur: sie haben ihn gesehen, sondern: er hat sich sehen lassen.

Also nicht die Imaginationskraft der Jünger stellte ihnen den Freund wieder vor Augen. Er kam auf sie zu. Der die Lebensenergie ausstrahlte, als wäre er deren Schöpfer, hat sie durch den Tod behalten. Im Comic würde man zeigen, wie er den Tod, eine riesigdicke Stahlplatte, durchschreitet, durchgeht wie ein Schneidbrenner; zurück bleibt eine leuchtende Öffnung mit seinem Profil. - Und jetzt werden wir alle den Weg des Lebens gehen durch den Tod als Nadelöhr, nicht mehr als Wand.

Kein strafender, sondern ein mitleidender Gott

»Gestorben für unsere Sünden nach der Schrift«, ist 25 Jahre nach Jesu Tod und Auferstehung schon Formel. Der Tod des Jesus ist gedeutet als Opfer, gemäß der wohl 500 Jahre alten Israel-Erwartung eines Gottesknechtes: »Wir gingen alle in die Irre wie Schafe... Aber der Herr warf unser aller Sünde auf ihn... und wie ein Schaf verstummt vor seinem Scherer tat er seinen Mund nicht auf... Wer aber kann sein Geschick ermessen? Ihm, der für die Missetat meines Volkes geplagt war, gab man ein Grab bei Gottlosen... So wollte der Herr ihn zerschlagen mit Krankheit... Aber wenn er sein Leben zum Schuldopfer gegeben hat, wird er Nachkommen haben und in der Länge leben und des Herrn Plan wird durch seine Hand gelingen. Weil seine Seele sich abgemüht hat, wird er das Licht schauen...er, der Gerechte, wird den vielen Gerechtigkeit schaffen; denn er trägt ihre Sünden« (Jesaja 53,6-11). Paulus teilt einen Hymnus mit, der das Drama Gott-Christus in einen Ablauf bringt: »Er, der von Gott war, beutete seine Vorrechte nicht aus, sondern verzichtete, entäußerte sich selbst und nahm Knechtsgestalt an ...und ward gehorsam bis zum Kreuz... Darum hat ihn auch Gott erhöht..., dass in dem Namen Jesu sich beugen sollen aller Knie...und alle Zungen bekennen sollen, dass Jesus der Herr ist, zur Ehre Gottes« (Philipper 2,5-11).

Gott nimmt die Schuld der Menschheit auf sich, in Gestalt seines Sohnes. Mit schwingt die Vorstellung, dass auch Gott einem Verhängnis, der Moira, der ehernen Gerechtigkeit unterstehe - also Gott nicht einfach »die Sünden hinter sich zurückwerfen« (so Jesaja 38,37) könne, sondern Ausgleich geleistet werden müsse. Die Satisfactions-Theorie war die mächtigste theologisch-juristische Schraubzwinge über die Jahrtausende. Bis in unsere Tage hängt ein Bild des blutunterlaufenen Antlitzes Jesus in christlichen Häusern voll »Gottesvergiftung« (Tilman Moser), darunter steht die anklagende Frage geschrieben: Das tat ich für Dich, was tust Du für mich? - Dahinter steht die Gnade der Rettung im Jüngsten Gericht. Die aber wird völlig ausgehöhlt mit der Drohung, wir müssten dieser Rettung auch würdig sein, was wiederum zu einer dauernden moralischen Anspannung zwingt.

Christus kauft uns nicht dem zornigen Gott ab, sondern »Gott war in Christus und versöhnte die Welt mit sich selber« - also nicht Gott musste versöhnt werden - »Er rechnete ihnen ihre Sünden nicht zu und hat unter uns aufgerichtet das Wort von der Versöhnung. So sind wir nun Botschafter an Christi Statt: Lasst euch versöhnen mit Gott« (2.Korinther 5,19f). Es geht um das schlimme Gottesbild, welches die Menschen in der Seele hatten (und immer noch haben?), dass Gott strafe oder Böses nicht verhindere. Christus bekehrt zu dem Gott, der das Leid seiner Kinder mitleidet, und jede Wunde ihm am eigenen Leib geschieht. In Auschwitz wurde ein Junge gehängt und bäumte sich lange auf. Von den Umstehenden fragte einer: »Wo ist Gott?« Ein anderer: »Da hängt er.« - Die Ohnmacht, das

Verstummen Gottes ist schwer auszuhalten. Vor allem bei gräulichen Verbrechen wünschten wir ein Strafgericht herab. Doch die Menschheit wäre längst ausgestorben, sie wird gerade am Leben gehalten durch Stillehalten Gottes »Du übersiehst die Sünden der Menschen, dass sie sich bessern sollen« (Weisheit 11,23). Doch stärker noch haftet Gott mit, er lässt nicht das Leid zu, sondern - wie am Kreuz Jesu abgebildet - erleidet er es mit. Die Allmacht der Liebe wendet keine Gewalt an. Letztlich ist Gott mit seiner Welt immer noch auf dem Weg zwischen Karfreitag und dem Ewigen Ostern.

Die ersten Zeugen und wir
Formel ist bei Paulus auch »am dritten Tage«, eben gemäß, »nach der Schrift«. So erwartet Hosea 6,2: »Er macht uns lebendig nach zwei Tagen, er wird uns am dritten Tage aufrichten.« Auch von Jona galt, dass er drei Tage im Bauch des Fisches war; Jesus soll auf diese wunderbare Rettung angespielt haben. Auf das Verlangen der Schriftgelehrten nach einem bevollmächtigenden Zeichen ist Jesu Antwort: »Ihr bekommt nur das Zeichen des Jona« (Matthäus 12,40). So muss »am dritten Tage« nicht historisch sein; historisch ist aber, dass es geschah. Die Erscheinungen vollzogen sich wohl über drei Jahre hin, Paulus nimmt seine Bekehrung als letzten Auftritt des Herrn in dieser Art und Weise (»zuletzt mir wie einer Nachgeburt« - 1. Korinther 15,8).

Hier im Korintherbrief ist die erste Spur von Ostern, aber hier im ältesten Bericht wie auch in den Evangelien gibt es keine Beschreibung der Auferstehung, keine Schilderung des Auferstehungsgeschehens. Paulus wusste wohl nichts vom leeren Grab; hat er davon gewusst, hat er der Leere keine Bedeutung beigemessen.

Die ersten Erscheinungen haben sich wohl in Galiläa ereignet, wohin die Jünger zurückgegangen waren (nach späteren Berichten waren sie hinbestellt). Er traf sie, sie waren betroffen, getroffen, es war ein Kennen, ein Wissen, das durch das Sterben hindurch erhärtet worden war. Die seine Auferstehung bezeugen, sagen nicht: Sein Tod sei rückgängig gemacht. Nicht kehrte er zurück ins Irdische, so dass er Sterben noch mal vor sich gehabt hätte. Die seine Auferstehung bezeugen, sagen, er hat den Tod hinter sich, er hat dem Tode die Macht genommen, von Gott zu trennen. Jesus Christus ist bei Gott und darum in der Mitte der Wirklichkeit, jederzeit gleichzeitig, ist hier, mitten unter uns, als Seelenführer, als Freund, als Souffleur der Liebe Gottes.

Für die ersten Christen, Frauen, Männer, geht das Leben mit Jesus weiter in einem Augenblick innigsten Wiedererkennens. Aber keine körperliche Nähe - das »Rühr mich nicht an«, dem Jesus später an Magdalena in den Mund gelegt (Johannes 20,17), ist deutlich. Und die späte Erzählung, dass der ungläubige Thomas dem Jesu die Hand in dessen Wunde habe legen dürfen, ist ein verzweifeltes Bild der Christen in der dritten Generation: denen verflüchtigt sich die Auferstehung zu einer Idee, dagegen setzen sie die Hyperrealität der offenen Wunde, drohen aber zugleich dem, der nicht glaubt, sondern sehen will (Johannes 20).

Es gab nichts, was man hätte anfassen und testen können. Er erschien, er aß mit ihnen, wird aber nicht enthüllt. Er tröstete, er schickte sie los, das Reich Gottes weiter zu verkünden. Merkwürdig die Geschichte der Jünger von Emmaus: sie trafen einen, der ihnen darlegte, wie Jesu Sterben doch heilsnotwendig habe sein müssen, der aß mit ihnen, dann verabschiedete er sich. Die Jünger gingen dann auch ihres Weges und beim Weitergehen sagten sie: »Brannte nicht unser

Herz, als er uns die Schrift öffnete?« (Lukas 24) Dieses Herzbrennen ist ihr Erkennen und Sehen.

Und damit sind wir den ersten Jüngern gleichgestellt. Sie hatten auch nicht mehr als wir; wir nicht weniger als sie. Kein wunderbarer Vorgang zwang sie in den Glauben, kein »erst Sehen dann Glauben«. Das liefe ja auch »groteskerweise darauf hinaus, dass diejenigen, die als erste den Glauben predigten, selbst nicht darauf angewiesen waren zu glauben. Sondern durch das Sehen vom Glauben freigestellt waren. Vielmehr handelt es sich um ein glaubendes Sehen« (G. Ebeling). Darum hat sicher Jesus auch sein Auferstehen nicht als Sachwissen vorher gewusst, sondern als Vertrauenswissen geglaubt.

In einem guten Zusammenhang sein

Eine innere Kraft schafft sich in mir, Dir Geltung, erweckt den Glauben, dass ich gewollt bin von der Liebe, abgebildet in der Person Jesus Christus. Nicht wichtig, ihn zu irdischen Lebzeiten gekannt zu haben, das hat Paulus auch nicht gehabt. Nicht wichtig ist, Jesu visuell vor Augen zu haben; »und wenn wir Jesus gekannt hätten, so kennen wir ihn nach dem Fleisch nicht mehr« (2. Korinther 5,16) sagt Paulus.

Glauben an Christus, heißt, sich einverleibt wissen in einen guten Zusammenhang aller Dinge. Jesus sah alles Gottwidrige in Gott integriert, sah zuletzt auch den Tod als Ereignis in Gott. Und dieser Jesus Christus vollzieht diesen guten Zusammenhang, macht zum Glied an seinem Leib. Es geht wohl nur darum, es mir wahr sein zu lassen - also wollen, dass es mir gilt. Wenn Du sein Leuchten auch für Dich willst, existiert er Dir.

Du brauchst Dich auch nur dem erreichbaren Wissen von und über Jesus Christus aussetzen und christliche Gemeinde suchen und aushalten, möglichst in verschiedenen Formen, und Du wirst in seinem Beziehungsgeflecht Dich wahrnehmen; Du übst, mit seinen Augen die Welt zu sehen und Du bist am Neuwerden. Und wirst Argwohn fahren lassen und Kontroll-Lust, und lernen, Verantwortung zu übernehmen und auf sich beruhen zu lassen - also glaub Dich als Teilhaber an der Allmacht Gottes.

6. Die Mitteilung des Glaubens

Das Wort Gottes macht wirklich
Ein Wort Gottes brauchen wir täglich - eine Ration Mut und Weisung. Es ist die Energie, die Leben gedeihen lässt, nicht Worte darüber, nicht Nachricht von, sondern die Sache selbst. Wort Gottes sagt nicht dies und das von Gott, sondern sagt Gott an, teilt Gott mit, ist Bodenberührung mit dem Grund der Dinge. Wort Gottes macht, dass Gott, Leben, Liebe in uns keimen, aufgehen, Frucht bringen. Wort Gottes ist, was die Wirklichkeit gedeihen lässt, worin Gott auf uns einwirkt, er uns trifft, uns von sich abgibt, er uns begegnet. Im Wort Gottes teilt sich Gott mit, wie im Liebesbrief die Liebenden sich einander geben.

Beim Erzählen dessen, was man gerade macht, teilt man ja an den anderen aus, nimmt ihn mit rein. Der Liebesbrief ist kein Berichtsblatt, sondern ist Liebe. Wort Gottes ist kein Satz über Gott, sondern seine Widmung, eben Mitteilung, wirklich Teilgabe. Gott teilt mit uns sein Wesen. Er redet Dich an, darum bist Du; sieht Dich an, darum bist Du gehalten; hört Dich, darum wirkt Dein Reden. Wort Gottes ist das Lebendige am Leben, was Leben sät, eben, was Dich sein lässt; was macht, dass Du Du bist.

Jesus Christus - das eine Wort Gottes
Wort Gottes ist auch, was Menschen vor uns als Lebenswort empfingen. Die Bibel ist auch Hauptarchiv einmal geschehener Verlautbarungen Gottes, zunächst an unsere Vorfahren gerichtet. Wir sind die Zweitverwerter, die noch aus dem, was einst sensationelle Offenbarung war, ein Wort voll Wahrheit für sich heute empfangen können. Die Bibel als Archiv der geschehenen Worte Gottes ist (für uns Christen) zentriert um den Menschen Jesus, der das Wort Gottes in Person war - und was er sagte und tat, das lernten wir als Abbild, Abdruck Gottes zu schätzen. Bis heute ist der Auferstandene das Wort, in dem Gott sich als immer erneuernder Schöpfer mitteilt, der nichts und niemanden aufgibt, der immer nur verwandelt und in ewigem Gespräch hält, wen und was er ins Sein gerufen hat.

1933 war in Deutschland eine Glaubenspest angebrochen, die Adolf Hitler als Heiland ausrief. Dagegen haben Christen in der Theologischen Erklärung der Bekenntnissynode von Barmen festgestellt: »Jesus Christus, wie er uns in der Heiligen Schrift bezeugt wird, ist das eine Wort Gottes, das wir zu hören, dem wir im Leben und im Sterben zu vertrauen und zu gehorchen haben.« Damit gilt in der evangelischen Theologie zumindest, dass gegen Christus nichts die Qualität eines Wortes Gottes hat.

Gott schuf uns der Bejahung bedürftig
Gottes Wort sät Leben. Auch mittels der Bibel und durch den Auferstandenen. - Aber Wort Gottes ist eben auch, was unmittelbar Leben beschafft. Gott sprach: »Es werde Licht«. Und es ward Licht (1.Mose 1,3). So ist

das Licht, ist jeder Sonnenaufgang Wort Gottes, auch aufzustehen zu erleuchtendem Tun. Und die wärmende Sonne auf dem Antlitz ist direkteste Bejahekraft, Zuwendung Gottes durch die Poren aufgenommen, und dieses Wort Gottes ruft Antwort in Körpersprache hervor. Unsere dankbaren Gesichter sagen, dass wir uns als Beschenkte erleben.

Gottes Wort ist, was Leben sät: Eltern, erleuchtet, sehen sich als Gottes Mitarbeiter, die das Kind als Auftrag von ihm annehmen. Kinder dann auch die Eltern: die mir zum Leben halfen, denen helfe ich jetzt, und anderen Aufgegebene. Anvertraute sind auch Wort Gottes. Die Liebe, in all den wunderbaren Variationen, ist Gottes Wort - oder sein Duft, oder seine Musik.- Aber Wort ist wohl umfassender.

Mit unserer Sprachlichkeit werden wir in Augenhöhe zu Gott gestellt. Zum Menschengeheimnis gehört wohl, zu lauschen, dass uns wer bestätige, einer uns wahrnimmt, einer nach mir fragt, dass ich verantwortlich bin, also gewürdigt, einer uns anruft, einer schreibt, dass wir ihm/ihr fehlen. Wir sind nicht autark geschaffen, sondern der Ergänzung bedürftig. Wir sind Erfindungen einer Sehnsucht, die sich aus uns Bruchstücken ihre Ganzheit baut. Es macht unser Menschsein aus, dass einer herschaut, und uns die Würde verleiht, mal Rede und Antwort zu stehen. Es ist wohl nicht menschlich, einfach im Garten Eden sich's gut gehen zu lassen wie das Vieh.

Den Hintergrund all unserer Seelen bildet die Geschichte vom symbolischen ersten Menschenpaar. Sie aßen von der verbotenen Frucht und werden gerufen: »Mensch, wo bist Du?« Und die Geschichte des symbolisch ersten Geschwisterpaares: Gott fragt den Kain: »Wo ist Dein Bruder Abel?« - und der gibt die mörderischste Antwort aller Zeiten: »Was soll ich meines

Bruders Hüter sein?« (1.Mose 3,9; 4,9) Gott geht uns auf als die Instanz, vor der Du Dich/ich mich orten kann, und ich mich frage, wer ich bin, mich auch fragen lassen muss: was bin ich für einer/eine? Vor allem bin ich dadurch wer, dass mich Gott in Beziehung zu sich ruft. Und der/die bin ich, der/die zum Hüter des Gedeihens des Nächsten bestellt ist.

Entscheidend ist: wir sind vor. Wir sind allein nicht komplett, wir sind zum Lauschen bestellt, brauchen Bejahung, sind ins Sein gehalten durch Wahrgenommensein vom Herz des Lebens. Wir wissen, dass unser Leben läuft vor einer Instanz. Das macht auch unsere Ebenbildlichkeit aus: Gott schuf den Mensch nach seinem Bild als Mann und Frau. Der Mensch ist im Gegenüber wesentlich, und Gott will auch geehrt sein, will nicht wie Luft von uns behandelt werden. Vielleicht ruft er die Welt ins Sein um bemerkt zu werden, und will uns Menschen extra mit der Spezialbegabung für jenseitige Signale. Er will verstanden und letztlich geliebt werden. Damit hat auch Gott ein Schicksal: Liebe leidet statt sich vom Hals zu schaffen, Liebe macht verletzbar.

Wir Menschen spiegeln wohl die Gotteslust auf Gemeinschaft in unseren kleinen, oft verzerrten Kontaktwünschen. Letztlich jeder Mensch, letztlich jedes lebendige Wesen soll uns Echo geben, dass wir taugen. Darum kochen wir gern lecker für andere mit oder wollen gute Arbeit leisten oder machen schöne Augen, dass uns einer/eine sagt: Du gut. Und wenn wir keinen haben, der mit uns einverstanden ist, schreien wir die Wand an. Wir lechzen nach Einverständnis. Robinson, allein, dressierte wilde Katzen zum Tanz - um in ihrem Mitmachen so was wie Bejahung zu inszenieren.

Was aufbaut ist Gottes Energie

Wir lauschen nach einem Wort, das uns Sein gibt. Das Wort in den Worten, die uns Lebenskraft geben, ist Gottes Wort. - Also auch vor allem die Mutterliebe, die uns tausendmal bei unserem Namen ruft und uns so als einzigartig kennzeichnet. Auch das Wort der einander Zugetanen: »Ich liebe Dich« - Gottes Wort.« Und: Du sollst nicht töten, liebe und schütze Ehen, Du sollst nicht falsch Zeugnis reden, nicht stehlen - Gottes Wort.

Alle bejahenden Worte, die wir einander geben, machen ja eine Energie mobil, die letztlich Gottes Stoff, oder *der* Stoff Gott ist. Der Eltern aufbauende Worte, der Liebenden Geflüster, die Heilungsprognose, das Inschutznehmen vor Gewalt, die ethischen Weisungen haben doch heilige Autorität; sie entsprechen Gott, wie wir ihn von Jesus Christus her zu glauben wagen. Auch nehmen wir doch jedes stärkende Wort als vom Himmel her gesagt, als Verkündigung, als Botschaft. Und jedes niedermachende Wort ist uns doch Verdammung. Am Boden zerstört kann uns eine Kündigung zurücklassen, ein Türenknallen kann uns abschneiden vom Wort Gottes, Drangsalieren liefert uns bösen Mächten aus. »Wo Brandmarkung war, soll Sprache entstehen« (B. Strauß).

In jedem Wort, das aufbaut und nicht gefangennimmt, spricht Gott, wie alles heilende, besorgende Schaffen Gott in uns ausrichtet. Und die zerstörenden, ehrabschneidenden Worte, Gift und Galle, die Hasstiraden sind gottleer, von Sinn hohl, wie das Böse Abwesenheit des Guten ist. Doch Gott ist auch darin, als Entbehrtes als Gier nach Erlösung. Alles Böse will von sich los, will letztlich widerlegt werden, will nicht Recht behalten.

Auch Du ein Wort Gottes

Aber wie geht es mit dem Saatgut Gottes Wort? Manches verdorrt, wird zertreten, kommt nicht zu Frucht und Blüte (Matthäus 13,18ff). Kann ich so hart werden innen, dass mich kein liebendes Wort mehr erreicht? Kann meine Seele zubetoniert werden mit Hassparolen? Kann sich mein Bewusstsein von mir hier auflösen, und damit zerfällt auch Gott für mich? - Aber noch lange nicht ich für ihn. Das ist sowieso meine Hoffnung, dass Gott mich vor sich hat, bei sich, unabhängig von dem, was ich davon mit meinem Schwammkopf hier denke. Extrem gesagt: Du musst Dir Gott nicht merken, Du bist ja ein Wort Gottes. Ja Du, eine vertrauensbildende Maßnahme, Du ein Lichtblick, Du ein Grund zur Freude. Du ein Brief Christi (2. Korinther 3,3).

Und jetzt hör auf, Dich zu bekritteln. Lebe, dass Du eine Empfehlung bist, teil Dich mit, teil Dich aus. Soweit es an Dir ist, geh dem Leben möglichst wenig auf die Nerven. Sieh Dich als ein schönes Kunststück des Herrn.

7. Der Mut des Glaubens

In den Glauben springen wie in eine Liebe

Man muss wohl einfach springen in den Glauben wie in eine Liebe, und sich tragen lassen von der Gewissheit, es ist wahr - das »Von guten Mächten wunderbar geborgen.« Ob von Kindheit an mit christlichem Glauben großgezogen oder ob man als Erwachsener eine Bekehrung geschenkt bekam, der Ernstfall kommt. Es ist offen, ob uns da Heiliger Geist trägt über die Abgründe und uns durch finstere Täler schleift bis wir einfach nur zweifeln an all den Zweifeln und uns finden in wissender Unbekümmertheit: Ich in guten Händen, auch wenn die jetzt schwielig hart zupacken; durch alle Sachen und Verknüpfungen hindurch stürze ich in Gottes Hand, immer in Gottes Schoß.

Das wohl stärkste innere Bild für diesen Sprung ins Ungewisse ist Jesu Sterben in offene Arme, vorgebildet in Psalm 30: »Gott, ich preise Dich: Denn Du hast mich aus der Tiefe gezogen... Du hast mich von den Toten heraufgeholt... Du hast meine Klage verwandelt in einen Reigen, Du hast mir den Sack der Trauer ausgezogen und mich mit Freude gegürtet.« - Worin liegt der Mut, sich auf Gott zu verlassen?

Mut zum aufrechten Gang

Auf Gott sich verlassen, heißt nicht, sich verlassen und die Welt aufgeben; im Gegenteil: Vernunft und Geschick und Leistung bekommen ihren Platz angewiesen. - Autofahren etwa im Vertrauen auf Gott heißt hellwach, höchst geschickt mit bestmöglicher Technik, mit Vorsicht und Rücksicht alles im Blick, für die anderen mitdenken, ihnen eine Lücke lassen, mit Nächstenliebe fahren und zügig, im Fluss. Das Fließen des Verkehrs wie des ganzen Lebens in Gottes Hand denken, ist höchste Lebenskunst.

Von Jesu Jüngern wird gesagt, »sie ließen alles zurück und folgten ihm nach« (Lukas 5,11). Dieses Umherziehen mit dem leiblichen Jesus und dafür alles stehen und liegen lassen, geht ja nicht mehr. Heute werden wir herausgerufen, dem drangsalierten Kollegen beizustehen, Fiesheit zu benennen; aus dem Schutz der Achtung herauszutreten, die leisen Hilferufe der Missbrauchten aufzufangen, Wege in der Gefahr zu erschließen und allein einzustehen für das, was einem wahr ist.

Mag sein, dass Jesus in stürmischer Nacht seinen Jüngern auf dem Meer erschien, und Petrus war so verwegen, seinen Mut spielen zu lassen: »Ruf mich raus aus dem Schiff, Herr, dann komme ich« (Matthäus 14,26). Uns kann es ein Bild sein, auf dem Wasser der Angst gehen zu können, gehalten.

Jesus nachfolgen heißt heute, Nächster zu werden dem in Not und Einfühlung walten lassen. Genug in uns will nicht Zeit, Kraft, Geld abtreten einem Fremden. Den Anderen mir so an die Seite gerückt glauben, dass sein Glück und mein Glück an einem Leib passieren, dazu braucht es Mut. Von Natur aus macht Selbstessen stark, aber zum Notleidenden sich zu bekehren, kommt aus Mitfühlen und Mitleiden. Das erwächst aus innerstem Mitschwingen mit und in der großen Macht. Etwas in mir weiß - aber ich kann es verraten, überhören, es mir ausreden - ich bin Teil von Gottes Werk. Und ich soll und will für die Welt einstehen. Ich soll Neuschöpfung und die Auferstehung von den Toten ins Alltägliche übersetzen.

Dann bleibt Dir einfach nichts anderes übrig, Du weißt einfach von innen her zu viel von der Leidenschaft Gottes, seine Schöpfung zum Einverständnis zu überreden. Dann sagen wir es einander: jetzt ist genug Last getragen. Jetzt hast Du genug Verkrümmung weggesteckt. Jetzt wagst Du den aufrechten Gang. Du bist nicht allein. Du hast Menschen, die Dir Hand auflegen und Du ihnen.

In die Pflicht genommen
»Aber wir sind wohl das Wesen, das, solange es irgendwie geht, vor sich selber ausweicht« (M. Cioran). Darum die Lust zu mäkeln und die Ansprüchlichkeit.

»Wie kann Gott das zulassen?«, gefragt im tiefen Sessel vorm Fernseher mit den schlimmen Tagesmeldungen - das erinnert doch an Helmut Qualtingers Abgesang: »Der Papa wird's schon richten, `s gehört zu seinen Pflichten.« Gern sehen wir Gott als Knecht aller Dinge und uns als seine Prinzen, die meinen, vor allem ihnen stehe Glück zu. Aber jedes Teil ist Detail, ist Elementarteilchen von einem Ganzen; dies wissen, verpflichtet zu einem fürsorglichen Umgang mit allem und jedem, bindet auch ein in Gottessorge, die nicht unsere Perversitäten ihm anhängt. »Die Sünde lauert vor der Tür und hat nach Dir Verlangen; Du aber herrsche über sie!«, bekommt Kain gesagt (1.Mose 4,7). Höchste Menschenwürde strahlt aus unserer Begabung, zu wissen was gut und böse ist. Jeder mündige Mensch ist für sein Tun und Lassen zuständig. Das dürfen wir uns nicht wegdiskutieren. Solange wir darauf bestehen, zurechnungsfähig zu sein, wählen und entscheiden wir jeden Augenblick und schicken unablässig alles auf uns Einströmende durch den Filter unseres Empfindens von Sinnesfreuden bis Ekel.

Wir beurteilen mit Hilfe unseres Gewissens und unseres Willens. Es ist Ehre, nicht im Gehege der Instinkte zu funktionieren, sondern einen großen Ausschnitt der Wirklichkeit gestalten zu dürfen nach unserem Wollen, das hoffentlich auf die Gebote hört. Der Glaube nimmt mich ran: Du willst, wenn Du kannst, Du bist nicht zum Zeitvertreib auf diese Erde geschickt, bist nicht aus Versehen Du, genau Du.

Der Mut des Glaubens verlangt nicht ein Opfer der Vernunft, nicht eine treuherzige und bärbeißige Untertanengesinnung, nicht Selbstverstümmelung, nicht Unterwerfung des Geistes. Der wahre christliche Glaube ist Hilfe gegen die größte Menschengefahr - den ausbrechenden Irrsinn, die Besessenheit von Menschenunverstand und Quälsucht. Christlicher Glaube ist Halt gegen die magische, verächtliche Geldwirtschaft, die alle Bedenken wegspült - »ich weiß nicht, was ein Reis ist, ich weiß nur, was sein Preis ist« (Bert Brecht). Und ist Hilfe gegen die blödsinnige Arglosigkeit und Vertrauensseligkeit der modernen Idee, im Spinnennest der Zwecke seien wir gut aufgehoben. Christlicher Glaube ist Abkehr von der allgemeinsten Weltanschauung: Ich, erste Person Einzahl - alles andere ist Markt, sei schnell und vertrau keinem.

Heiliger Geist macht menschlich

Glaube an Gott versteht das Leben auf bestimmte Weise. Halte ich meinen Vater für die höchste Autorität oder mein Lustempfinden für die moralische Instanz oder Geld für den Sinn, dann weiß ich, wem ich gehorche - und gehöre. Das erste Gebot »Ich, der ich Dich geschaffen habe und erhalte, bin der Herr Dein Gott« ist schon darum ein Heilmittel für Geist und Vernunft, weil es festhält: nichts in der Welt reicht zum Gott; allein schon diese Alarmfunktion des Glaubens ist rettend: ich bin sterblich und alles Irdische auch und alles braucht auch Vergebung. Jedem ist an die Stirn geschrieben »Man muss Gott mehr gehorchen als den Menschen« (Apostelgeschichte 5,29), es rückt die Verhältnisse zurecht.

Aber wer öffnet uns dazu die Augen? Wir brauchen Heiligen Geist. Sind wir blöde und in uns selbst verkrallt, muss uns der Feuersturm des Jesus durchrütteln. Und tatsächlich geschehen uns diese Wolkenbrüche von Heiligem Geist, zwei-, dreimal im Leben - dann werden wir neu geboren und werden in ein neues Muster von Freude geschüttelt. M. Houellebecq sagt das in anderer Sprache: »Das menschliche Verhalten ist streng determiniert. Doch unter manchen, äußerst seltenen Umständen - die Christen nannten es das Wirken der Gnade - entsteht eine neue Kohärenzwelle und breitet sich im Inneren des Gehirns aus; dadurch lässt sich - vorübergehend oder endgültig - ein neues Verhalten beobachten, das durch ein völlig anderes System harmonischer Oszillatoren bestimmt wird; es handelt sich um etwas, das man gemeinhin eine freie Handlung nennt.«

Lang magst Du ein behäbiges Christsein gepflegt haben, auf einmal steht es neben Dir, der Heilige Geist bekehrt Dich zu einer wunderbaren wachen Menschlichkeit; Du strahlst, besorgst mehr Glück und weniger Leid. Und in besten Augenblicken weißt Du göttliche Schwungkraft in Dir am Werk. Sei guten Mutes, Du bist Teilhaber am herrlichen Projekt Leben, das schaffe in Dir der Heilige Geist. Und gib Dich aus ans Leben und nimm davon. Christlich glauben heißt, von den unerschöpflichen Quellen des Mutes trinken: Du bist selbst eine Ressource, Quelle des Guten, ein Depot an Gottesenergie, an lebendigem Geist.

Heiliger Geist stimmt die Seelen füreinander ein, lässt Sprache finden, die nicht Angst macht durch Drohen und Rechtbehaltenwollen. Der Sprache verdanken wir Orientierung und Handlungsfähigkeit in einer offenen und gefährlichen Welt; die Sprache ist Gottes informativstes Medium an uns, lassen wir sie nicht verkommen zu Werbeunbotschaften. Freundlich miteinander reden ohne zu bedrohen, da ist Heiliger Geist in seinem Element.

Und wenn Du meinst, Du seiest abhängig von den Sachgrößen, die Du beobachten und benutzen musst, wisse: der Heilige Geist beschafft Dir ein großes Herz und Blumen in Dein Leben und das unbestechliche Gefühl der Dringlichkeit für die Liebe.

Die Geschichte von Zachäus

»Jesus ging nach Jericho. Es war da ein Mann mit Namen Zachäus, der war ein Oberer der Zöllner und war wohlhabend. Und er begehrte, Jesus zu sehen, wer er wäre, und konnte es nicht wegen der Menge; denn er war klein von Gestalt. So lief er voraus und stieg auf einen Maulbeerbaum, um ihn zu sehen; denn dort sollte er durchkommen.

Und als Jesus an die Stelle kam, sah er auf und sprach zu ihm: Zachäus, steig eilend herunter; denn ich muss heute in Deinem Haus einkehren.

Und er stieg eilend herunter und nahm ihn auf mit Freuden.

Als die andern das sahen, murrten sie alle und sprachen: Bei einem Sünder ist er eingekehrt. Jesus aber sprach: Heute ist diesem Hause Heil widerfahren, denn auch er ist Abrahams Sohn.« (Lukas 19,1 ff)

Mit Jesus die Sonne aufgehen sehen

Diese Geschichte leuchtet ein. Sie hat ein Strahlen bei sich. Wer so zu Menschen ist, wie dieser Jesus, der hat einfach die Wahrheit auf seiner Seite, ja, ist die Wahrheit mit Hand und Fuß. Wie Zachäus wollen wir erkannt und bemerkt sein, und wie Jesus wollen wir anderen Lichtblick sein; Grund, das Leben gut zu finden. Jesus zog durchs Land, tat Gutes und lässt es sich dabei gut gehen. »Wir müssen uns Jesus als einen glücklichen Menschen vorstellen« (Dorothee Sölle). Mit ihm geht Menschen die Sonne auf. Er beleuchtet die Verhältnisse mit einem warmen Licht, und sie geraten ins Tanzen. Mit Jesus konnten viele wie tot Dahinlebende neu beginnen, konnten ihre Lähmung abschütteln. In moderner Übertragung: Forrest Gump: Als wieder die Mitschüler ihn wegen seiner Stahlschienen an den von Kinderlähmung schwachen Beinen hänselten und jag-

ten, da rief die Schulkameradin: »Lauf, Forrest, lauf!«
Und rief es so inbrünstig, dass dem Jungen so was wie
Flügel wachsen und er läuft sich gesund. Jesus schickt
die Aussätzigen los: »Geht, zeigt euch den Priestern«
»und während (!) sie gingen, wurden sie rein« (Lukas
17,11 ff). Jesus heilt so: Er bestärkt Menschen im Vertrauen, dass Gott sie schon in der Heilmache hat. Also
liegt Besserung vor ihnen, geschieht schon. Sie brauchen nur, bitte recht sehr, ihrer Heilung entgegen zu
kommen.

Bemerktwerden ist Wunder
Zachäus litt an einem besonderen Mangel: er war
schlecht angesehen. Er war Steuereintreiber in Dien-
sten der verhassten römischen Besatzungsmacht und
verdiente gut daran. Man mochte ihn nicht, er hatte
zwar Macht, den Mitmenschen Geld abzuverlangen,
aber Achtung bekam er keine. Im Gegenteil, sie mie-
den es, ihn anzuschauen, verächtlich drückten sie die
Münze ab - keiner sprach im Dorf mit ihm. Bis auf die,
die von ihm profitierten.

Einmal sollte Jesus kommen. Anderen hat er ihr Leben neu auf die Beine gestellt, der Mensch scheint
eine Verheißung zu sein. Zu dem geht man, wenn er
kommt. Aber Zachäus weiß, wenn das Volk erst den
Star umringt, dann wird er weggedrängt, zumal er
klein von Wuchs ist. Also läuft er dem, der kommen
soll, entgegen, klettert auf einen Baum, wo er schon
von weitem Sicht auf den Wundermann hat. Auch die
Kinder waren mit vor den Ort gezogen und die Hun-
de, endlich passiert mal was.

Zachäus wird den Meisterdenker mit seinen Blicken
aufgesogen haben, der mit dem Schwarm von Freunden um sich - eine heitere Schar, Männer, Frauen - da
könnte man mitziehen, denkt Zachäus, könnte alles

schlechte, weil im Gewohnten versunkene Leben hinter sich lassen. Aber wer ist er denn, dass ihn der leuchtende Mensch überhaupt bemerken sollte. Jesus kommt auf ihn zu. Er ist schon fast vorbei, die Augen des Zachäus leuchten auf, aber haben schon den Glanz des Erinnern aufgelegt, das Ahnen, was Großes hätte mit ihm passieren können - aber vorbei, vorbei. Da bleibt Jesus stehen, sieht zu ihm auf, spricht ihn mit Namen an, nimmt ihn in Dienst.

Dies Merken, den Anderen aus der Masse herausheben, ist ein Wunder. »Ja, der meint mich und kennt mich« - ist eine Art Neuschöpfung. »Der mich lieb hat, der mich kennt und bei meinem Namen nennt«, ja, ich bin wer, ich bin ihm bekannt, es kann kein Irrtum sein, nicht nur eine menschenfreundliche Geste, auch die wäre schon schön. Nein, der weiß was er tut, der große Jesus, dass er mich anspricht, mich erkennt, also auch meine dunklen Seiten weiß, Irrtum ausgeschlossen - der lädt sich bei mir ein. »Auferstanden aus Ruinen und der Zukunft zugewandt« durchfährt es Zachäus, und er läuft los.

Das gibt Ärger im Städtchen, »zu dem miesen Typen geht er« - »weiß er nicht?« Doch, Jesus weiß. Er sagt: »Die Kranken brauchen den Arzt, nicht die Gesunden« (Lukas 5,31). Ihr fühlt euch doch komplett, dieser nicht. Ihr fühlt euch im Reinen mit Gott und den Menschen, dieser nicht. Ihr seid geachtet, dieser nicht. Er tut, was in eurer Meinung ein anständiger Bürger lassen sollte, so schneidet ihr ihn, dreht euer Gesicht weg, wenn er vorbei geht, eure Kinder sollen mit seinen nicht spielen. Ihr sprecht ihm das Mitmenschsein ab. Doch er ist auch Abrahams und Saras Nachkomme, auch ein Kind Gottes.

Vielleicht hat Jesus auch noch gesagt: Ich habe wenig Lust, mich bei euch einzuladen. Ihr mögt keine

Umstände mit Fremden, aber er steigt vom Baum, rennt heim, lässt auftischen was geht, für mich und meinen ganzen Anhang. Er nimmt mich auf mit Freuden.

Ja, so wie Zachäus möchte ich auch sein: Seine Augen waren Augensterne geworden, die flammten und glichen goldenen Spiegeln, die das Bild des Jesus strahlend zurückwarfen (nach R. Musil). Die Freude kommt davon, dass Jesus ihm die Gastfreundschaft zutraut. Jesus lädt sich bei ihm als Verwandten ein, Kind Gottes speist mit Kind Gottes - das Einfachste, das Normalste überhaupt, wenn wir einfach menschlich wären. Einer hat Hunger, einer hat genug zu essen, also werden beide satt. Einer fühlt den Hunger des anderen mit, ehrt den anderen als ebenbürtig - das Wort kommt von: beide von gleicher Geburt, darum gleichen Rechtes - ebenbürtig eben. Jesus sagt: heute ist Deinem Hause Heil widerfahren. So bestätigt ihm Jesus die Würde, zusammenzugehören. Daraus folgt das Gebenkönnen. Gebrauchtwerden ist Glück. Jesus traut Zachäus zu, dass es ihm Freude macht, Freude zu machen. Zachäus traut Jesus zu, dass er ihm gern Lehrer sei. Jeder gibt und nimmt - so lässt es sich leben. Und alles nimmt seinen Anfang mit Anschauen, das schön macht.

Sehnsucht nach heilenden Gesichtern

Wir haben doch alle ein Antlitz vor Augen, das uns den Zusammenhalt der Welt verbürgt? Das sonnige Angesicht von Mutter oder Oma, später der/des Geliebten. Darin sehen wir uns als wert und wichtig. In seinen Augen entwickeln wir unser eigenes Bild vom tauglichen Menschen. Oder ist einmal dies bewahrende Bild, Dir zersplittert? Wir bleiben alle auf der Suche nach dem heilenden Bild. Noch von den Gesichtern der Tagesschausprecher, Damen oder Herren, pflücken wir uns Lebenszuversicht, die auch den schlimmen Nachrichten standhält. Einige haben ein inneres Leuchten mit, das verbürgt: wir sind in Gottes Hand, was auch geschieht.

Unser Hungern nach heilendem Angeschautwerden nutzt die Werbung; sie umzingelt uns mit sympathischen Figuren. Die nutzen unsere Bedürftigkeit nach Anerkennung, versprechen sie, wenn wir ihre Sachen kaufen. Noch in der Asche des Konsumierens suchen wir Splitter des liebenden Gesichtes. Und jedes irdische Glücksversprechen ist Vorschau auf das Gesicht des großen Gottes. Darum berührt der Segensspruch uns tief, mit dem jeder Gottesdienst endet: »Der Herr segne Dich und behüte Dich, er lasse sein Angesicht leuchten über Dir und sei Dir gnädig, er erhebe sein Angesicht über Dich und behalte Dich in seinem Frieden« (4. Mose 6,24).

Das Fest des Lebens mitgestalten

Die Geschichte von Jesus und Zachäus ist eine Ikone, ein mit Gotteskraft geladenes Bild: Jesus erhebt sein Gesicht und bringt das Antlitz des kleinen Mannes in der Baumkrone zum Strahlen. Ein starkes Portrait des Jesus ist das und ein deutliches Bild Gottes. Hätten wir doch diese Bildgeschichte immer bei uns: wir auf dem Baum, klein, mit Fehlern - und Gott schaut uns an, lädt sich zu uns ein, spricht uns tauglich, ihn zu bewirten. Vom Zuschauer und Meditierer werden wir zum Veranstalter von Leben und Glück. Das Fest des Lebens mit zu inszenieren ist unser Auftrag.

Zachäus wurde ein neuer Mensch. Er gab viel Besitz frei, dass Gutes damit geschehe. Aber das ist nicht Forderung, sondern Frucht. Der Geachtete wird achtsam.

Ein Fund aus dem Schatz der Theologie zum Schluss: Revelatio ist das lateinische Wort für Offenbarung: Wegtun das Velum, den Schleier, der mir die Welt verdunkelt: Jesus schaut Zachäus an, nennt ihn beim Namen, beauftragt ihn, ein Fest zu geben. Er nimmt ihm das Verhülltsein, lehrt ihn ein neues Sehen: Merken, aus Bemerktsein, achtsam sein aus Geachtetsein, im Anderen das Geschwister der Familie Gottes sehen. Paulus sagt: »Wir alle spiegeln auf unserm Antlitz die Herrlichkeit des Herrn wieder« (2. Korinther 3,18), wenn in unsern Augen die Wolken der Selbstverachtung verscheucht sind und wir den Himmel sehen.

8. Das Ich des Glaubens

Gotteskenntnis ist Selbsterkenntnis
Den Mond erforschen, das ändert mein Wissen über mich nicht. Und doch, auch der völlig von uns abgetrennte Gegenstand hat uns was gelehrt. Seit vom Mond aus wir den Aufblick auf die Erde haben, ist uns die Kugel vertraut. Wir sehen vom Mond aus den blauen Planeten zärtlich, sehen uns zusammengerückt, zu einem Schicksal verflochten in diesem winzigen Raumschiff Erde, das so wunderbar und gefährdet durchs All gleitet auf Flügeln der Morgenröte.

Wenn wir schon von der Erkenntnis des Mondes für uns was haben, muss erst recht Gotteserkenntnis etwas abstrahlen auf uns Menschen. Gotteskenntnis und Selbsterkenntnis, sagen die Weisen, sind zwei Seiten einer Sache. Was und wer Gott ist, das macht auch den Menschen aus, macht letztlich unser Wesen.

Schon ein Baum dient in vielen Rollen; ist Haus für

die Vögel, Lebensmittel für den Holzwurm, ist Sauerstoffgeber und Schattengeber und Früchtegeber und Schutzbild für die Dichter. Der Mensch spielt erst recht in vielen Rollen sein Wesen aus, ist Kind, Geschwister, Eltern, Freund, Kollege, Mitbürger, Mitpatient, Verkehrsteilnehmer, Gemeindeglied - je nachdem, welche Rolle bei uns dran ist. Ganz unwesentlich, ganz am Rande von uns selbst, wird mal unsere ausgediente Hülle sein, näher dran schon unser Genom. Die Mitte Deinerselbst aber bist Du als Person, Seele, als Du: vor wem aber bist Du Du, letztlich? Dein Ich - wer hält es; wer, was sichert Dein Sein in all den Rollen, wer spricht mit Dir weiter, wenn alle Menschen Dir untergehen? Und Du selbst Dir abhanden kommst, wer sichert Dich? Wer / was ist der Quellcode Deines Wesens?

Wenn von Gott sinnvoll die Rede sein soll, dann nicht als Objekt unserer Betrachtung, wie etwa der Mond dort außen, eher als der Acker aus dem wir sprießen, Gott als Seingebendes, das Für-uns-Daseiende. Wir sind Seinnehmende, Exponate, Werke Gottes, mit seiner Handschrift, seinem Herzblut gemacht, seine Fingerabdrücke in der Welt. Wenn Du wissen willst, wer Du bist, rede mit Gott.

Was uns Menschen ausmacht, uns zu Menschen macht, das können wir ein Stück erschließen aus Vergleich zu den Tieren. Aber das Weltbild wäre eng, wenn das Tierreich die Tabelle abgäbe fürs Ermessen von Menschsein. Unser Wesentliches bliebe unsichtbar. Gewissen, Erbarmen, Musik, Dichtung nur Schaum, Lappalie, Unsinn, weil nicht essbar. - Dieser Überschuss macht wohl unser tiefstes Wesen aus. Darum ja: »Der Mensch lebt nicht vom Brot allein, sondern von einem jeden Wort Gottes« (5. Mose 8,3, von Jesus aufgenommen: Matthäus 4,4). In Kunst, Sprache,

Kultur treibt Sehnsucht uns über uns hinaus. Wir werden hier nicht gesättigt in unseren Wünschen, wir werden mal unabgefunden sterben, »wir haben hier keine bleibende Stadt, sondern die zukünftige suchen wir« (Hebräer 13,14).

Wir sehen hier im Vergleich mit der übrigen Natur nur wie in einem beschlagenen Spiegel ein dunkles Bild von uns, dann aber werden wir erkennen, von Angesicht zu Angesicht, wie wir von Immerher gemeint sind (1. Korinther 13,12). Der Glaube an Gott macht aus dem Menschen was. Die Mitteilung des Glaubens treibt in mir ihr Wesen.

Glaube ist Geschenk

Aber mache ich mich zum Gläubigen? »Ich glaube« heißt es im Glaubensbekenntnis, nicht: »es glaubt in mir«. Und doch wird mir der Glaube geschenkt, etwa wie der Atem mir geschenkt wird, auch das Herzschlagen und das Schauenkönnen. Weder Glaube noch Atmen, noch Herzklopfen, noch mein Schauenkönnen ist meine Tat, sondern ich bin Ergebnis dieser Ereignisse.

Christlich glaubend erhebe ich keinen Anspruch, wegen dieses Glaubens etwas Besseres zu sein als andere, kann mich auch nicht vor Gott oder Menschen meines Glaubens rühmen, er ist mir ja geschenkt und zugemutet, ich habe mich nicht für ihn entschieden, sondern mir ist diese Wahrheit aufgegangen wie die Sonne mich weckt. Ich finde mich in diesem Denksystem vor, von dem ich weiß, es ist eins neben anderen, die auch Gott erschließen, wie immer er dort auch heißt. Aber mich hält dieser Glaube, und jetzt ist es mein Glaube, zu dem ich stehe, aus dem ich Schlüsse ziehe, für den ich einstehe vor anderen, den ich auch verrate.

Glaube und Gewissen

Wo habe ich mich als Christ zu erkennen gegeben? Wo wusste ich mit meinem Wesen: »Bis hierher und nicht weiter«? Wann wäre Mitmachen Verrat an mir gewesen, und das hat mit meinem Wurzelgrund in Gott zu tun? Es ist Gnade, dass wir nicht unseren Leib als Fackel brennen lassen müssen (1. Korinther 13,3), um Unrecht zu widerstehen. Schon das beherzte Dazwischengehen, wenn einer geschlagen wird, ist Zeugesein für das Reich der Menschlichkeit. Oder wenn Kollegen/Kolleginnen verachtet werden, sagen: »So nicht!«.

Dem Fremden werden wir seine Art Gottesverehrung gerne einräumen, auch seine Kleiderordnung ihm lassen und seine Sprache. Und werden auch den, der sich für einen Atheisten hält, achten, denn Gott hat eine besondere Geschichte und Symbolsprache mit ihm. Und wollen damit Geltung verschaffen dem Wissen, dass sie auch Gottes Kinder sind, gleichwertig eben. Damit ist der Glaube an sein Ziel gekommen, nämlich Freiheit einzuräumen.

Das Wesen des Glaubens ist Freiheit

Freiheit in Verbundenheit ist sein Wesen. Paulus schreibt im Galaterbrief 5,1: »So bestehet in der Freiheit, zu der euch Christus befreit hat; und lasst euch nicht wieder in ein knechtendes Joch zwingen.« Und: »Wer bist Du, dass Du andere Gewissen richtest« (Römer 14,4)? Und: »Alles was ihr mit Danksagung empfangt, ist gute Gabe Gottes« (1.Timotheus 4,4). Und: »Alles ist erlaubt, was Liebe baut und nicht gefangen nimmt« (nach 1. Korinther 10,23). Und: « Furcht ist nicht in der Liebe, sondern die Liebe treibt die Furcht aus« (1. Johannes 4,18). - Welche Lebensfreude und Tatkraft und Danklust dem begrenzten Leben gegenüber aus solchem Glauben entspringt, ist gar nicht auszuschöpfen.

Haben Du/ich auch die Freiheit zum Unglauben? Wer je die Freiheit zur Liebe geschmeckt hat, der/die wird den Geschmack an Gottvertrauen und Hoffnung immer behalten, auch wenn er das Gehäuse seiner Konfession verlässt. Ob der Gläubige noch die Freiheit hat, abtrünnig zu werden? In der Bibel heißt es mehrmals: »Und Gott verstockte sein Herz« (etwa von Pharao, 2.Mose 2,30) Härter noch Paulus: »Gott erbarmt sich, wessen er will, und verstockt, wen er will« (Römer 9,18). Bei aller Verantwortung für meine Tat, ist diese Energie doch in Gottes Allmacht eingekapselt. Die Monstrosität mancher Grausamkeit rührt an das »Wüste und Leere« des Anfangs, aber »der Geist Gottes schwebte über den Wassern« und das Heil beginnt mit dem immer erneuerten Ruf: »Es werde Licht« (1. Mose 1,2f).

Bei allem Versündigen bleibt in uns die Wehmut, dass wir unser Inneres, und damit Gott verleugnen und verdunkeln. Das macht auch die Tragik der leeren Antlitze von Gewalttätern aus. Sie halten ihr Wesen für wertlos; sie wissen nicht, wie man leben soll, wissen nichts von der Tragweite ihres Tuns.

Die christliche Religion räumt, recht verstanden, viel Freiheit ein. Auch die Freiheit von Religion? Wir dürfen nicht von Staats wegen eine Sorte Glauben verbindlich machen, und von Kirchenseite erst recht nicht. Denn der christliche Glaube spricht frei von jedem Glaubenmüssen, weil ja Gott den Menschen nach seinem Bild formt, zum Gesprächspartner, zum Freund. Wie auf dieser Widmung beharren angesichts von Wahnsinnstaten - das rührt wohl an Gottes tiefsten Schmerz. Das Entsetzen einer Mutter über die Mordtat ihres Sohnes ist Teil des Weltschmerzes Gottes. Davon eine rabbinische Geschichte: Als die Israeliten mit Gottes Hilfe durchs Rote Meer entronnen sind und über den ägyptischen Verfolgern die Wogen zusammenschlugen, jubelten die Geretteten. Da sprach Gott: »Was jubelt ihr, da ich weine? Die euch nach dem Leben trachten und umkommen, sind doch auch meine Kinder!«

Gott will uns frei. Die Spannweite reicht von dem, der an Gott glaubt bis zu dem anderen, der glaubt, Gott zu sein. Wir können dem Heiligen zur Seite sein oder ihm ins Angesicht widersprechen oder achselzuckend des Weges gehen, als wäre von nichts die Rede. Der Mensch kann Gott verneinen, auch wenn er von ihm lebt. Und darum, weil Gott seinen Segen über Gerechte und Ungerechte ausgießt (nach Matthäus 5,45; wörtlich: »Gott lässt seine Sonne aufgehen über Böse und Gute und lässt regnen über Gerechte und Ungerechte«), darum müssen Christen auch gerade Nichtchristen höflich behandeln - und Atheisten erst recht - sie haben es wohl schwerer: sie müssen die Welt ganz alleine verantworten. Auch ist es keine Schuld, Atheist zu sein. Die Nichterkenntnis Gottes und die Bestreitung Gottes sind eins, wie Gotteserkenntnis und Gottesbejahung eins sind (G. Ebeling). Geheimnisvoll bleibt über ihnen die Verheißung: »Ich werde von denen gefunden, die mich nicht suchten (Jesaja 65,1).

Glaube kann nicht erzwungen werden. Riten ja, Aufsagbares, Zwangstaufen, Scheinheiliges. Wie man von Gott meinen konnte (und kann), er ordne Kreuzzüge an, Heilige Kriege, Zwangsmissionierung, Mord und Totschlag für das Heilige - ist durch Einstrahlung von Heiligem Geist unbegreiflich. Und doch waren vor ein, zwei Generationen Christen in Deutschland nicht Christen genug, um Krieg zu verweigern und Mord an ihren Nachbarn jüdischen Glaubens zu verhindern;

nein, zu viele waren besessen von Nationalismus, so dass ihr Christsein dagegen verkam. Und ist nicht unser banales Geizen bei »Brot für die Welt« auch eine Sucht des Festhaltens und Wegschauens?

Es gibt Gehirnwäsche, es gibt Glaubensdressur, raffinierteste Methoden seelischer und geistiger Vergewaltigung, Entwichtigung des Menschen, Verlust des Ichseins, Entpersönlichung. Viele Formen des Süchtigmachens zwingen in die Furcht, man könne nicht leben ohne den Stoff, diese Dröhnung, dieses Halten und Haben.

Wahrer Christen-Glaube hütet das Personsein; ja die Würde des Einzelnen wird gehegt durch Gottes Zusage: »Fürchte Dich nicht, ich habe Dich erlöst, ich habe Dich bei Deinem Namen gerufen, Du bist mein!« (Jesaja 43,1). Da liegt der wahre Grund Deines Ichseins, dass ein Du, das große Du Dich anspricht und mit seinem Ansprechen ins Dasein hält.

So begabt christlicher Glaube nicht einige Auserwählte, sondern sichert die Qualität des Menschseins. Befreiende Kraft erwächst daraus, dass man Gott Gott sein lässt; und nicht Menschen, nur weil sie so leuchten wie das goldene Kalb, als Herrn anbetet, oder schnelle Autos oder Maß und Zahl verehrt als letzen Grund.

9. Die Zukunft des Glaubens

Gott wird abwischen alle Tränen
Was erwartet uns? Was und wer hat unsere Toten empfangen? Erwartet uns überhaupt etwas im eigenen Tod und in der Zukunft der Welt?

»Ich sah einen neuen Himmel und eine neue Erde; der erste Himmel und die erste Erde sind vergangen, und das Meer ist nicht mehr.

Und ich sah die heilige Stadt, das neue Jerusalem, von Gott aus dem Himmel herabkommen, bereitet wie eine geschmückte Braut für ihren Bräutigam. Und ich hörte eine große Stimme von dem Thron her, die sprach: Siehe da, die Hütte Gottes bei den Menschen! Er wird bei ihnen wohnen, und sie werden sein Volk sein, und er selbst, Gott mit ihnen, wird ihr Gott sein; und Gott wird abwischen alle Tränen von ihren Augen, und der Tod wird nicht mehr sein, noch Leid noch Geschrei noch Schmerz wird mehr sein; denn das Erste ist vergangen. Und der Allmächtige sprach: Ich will dem Durstigen geben von der Quelle des lebendigen Wassers umsonst.« (Offenbarung 21,3-6)

Das ist die wohl intensivste Vision von der Zukunft, die wir Menschen haben, das himmlische Jerusalem, die Stadt aus Gold mit Toren aus Perlen, in einem Licht gleich dem edelsten Stein, Jaspis, klar wie Kristall. Und ich sah keinen Tempel darin, denn der allmächtige Gott ist ihr Tempel, er und das Lamm (Offenbarung 21,22).

Weltuntergangsszenarien entwirft ja jeder Spielberg-Film furios. Aber das Kommen einer heilen Welt, sanft, wie hingehaucht, als wenn Nebel sich lichten, und dann steht der neue Himmel da, die neue Erde - das Bild des Johannes von Patmos ist tröstlich-wunderbar. Gott hat schon in den Kulissen des Himmels, in seinem Gewand eine neue Schöpfung verwahrt. In die ziehen unsere Toten ein, sie sind schon heimgekehrt, sind eingezogen ins himmlische Jerusalem - schön wie ein liebendes Paar. Den Vorangegangenen sind abgewischt die Tränen von ihren Augen.

Dies lesend, sieht man doch seine Toten, wie sie uns starben, weinend vor Abschiedsschmerz oder Angst, ausgelaufen war ihnen das Leben. Uns allein zurückzulassen war vielleicht ihre Wehmut oder eine Lebensschuld ergoss sich über sie. Oder es waren Tränen des Erinnerns, wenn Hand noch in Hand liegen durfte; vielleicht auch Dank und Bitte um Verzeihung, zuletzt auch Tränen der Sehnsucht nach drüben, endlich den abgebrauchten Körper verlassen zu können und heimzugehen ins Land, da Fried und Freude lacht. Und den letzten Blick auf die Sonne sogen sie auf als Gedächtnisstütze für den Weg durchs Dunkle.

Abgewischt alle Tränen von ihren Augen, kein Leid mehr, kein Geschrei, mit ihnen, wegen ihnen. Die Hände, die auch das Falsche festgehalten haben, öffnen sich endlich. »Und alle Sehnsüchte des Lebens scheinen nun auf eine einzige zusammengeschrumpft: nicht mehr diese gewaltige Anstrengung aufbringen zu müssen, das Zeichen zu machen, damit jemand das Glas Wasser reicht, diese Sehnsucht, dass es einen nie wieder dürsten möge« (B. Strauß).

Wir gaben sie ab und gaben sie los - ach, um alles in der Welt, hoffentlich nicht ins Nichts - sondern in einen neuen Himmel, eine neue Erde, jedenfalls wo von der Quelle des Lebens umsonst gegeben ist, wo Leben ist, geläutertes, und Bäume, Schauen reines Herzens, Mozarts weitere Himmelsmusik, und wo alles Schöne überdauert.

Weil wir sie liebten, wollen wir für sie Fülle. Und wenn sie ungeliebt und einsam gestorben wären, um so dringlicher brauchten sie, die Bitteren, die Auferweckung der Liebe. Gerade angesichts der vielen namenlosen Toten kann Gott all dem Scheitern, dem Hassen und Schuldigwerden nicht das letzte Wort lassen.

Unsere Toten haben Sein

Mag sein, »das tragische Gefühl des Todes sollte in der allgemeinen, etwas verschwommenen Empfindung des Alters aufgelöst werden. Und so werde er bis zum letzten Augenblick um eine kleine Zugabe bitten, um eine kleine Verlängerung des Daseins« - mehr nicht. So eine Stimme von heute, M. Houellebecq. Mag sein, wir meinen, für uns auf Zukunft verzichten zu können. Aber für unsere Toten wissen wir, jedenfalls für den Meistgeliebten, er, sie hat Sein; für sie steht etwas aus. Die wir liebten, lieben wir noch. Das spricht für ihr Existieren. Wir wissen, in einem andern Stockwerk der Wirklichkeit haben sie Sein. Sonst wäre das verschluckende, verlöschende Nichts der Gott - und das kann nicht sein, darf nicht sein, sagt der Glaube.

Was ist, ist nicht alles. Was aus etwas wird, ist entscheidend. An der Börse werden Hoffnungen gehandelt. In der Liebe werden doch Zukünfte gepflanzt. Und der Glaube schätzt das Erdenleben als erste Rate ein, als Ouvertüre, als Frühling, als Anfang einer großen Geschichte. Mag sein, Du für Dich bist mit Deinem Hinscheiden zufrieden, meinst Du jetzt. Aber diese Bescheidenheit ist vielleicht nur phantasielos, eine innere Armut. »Das kann doch nicht alles gewesen sein, das bisschen Sonntag und Kinderschreien« (Wolf Biermann). Im Grunde ist jeder von seiner Zukunft überzeugt, aber dies Hochfliegende kann unter Skepsis oder Stumpfsinn verloren gehen.

Der Prophet sagt an: »Siehe da, die Hütte Gottes bei den Menschen! Er wird bei ihnen wohnen, und sie werden sein Volk sein und er wird ihr Gott sein« (Offenbarung 21,3). Ein Traumbild der Einheit, Gott in einem Haus mit uns, kein Tempel mehr, Gott ist unser Tempel. Das Projekt Gott-Mensch ist noch im Werden. Die gesamte Schöpfung ist der Vergänglichkeit unterworfen auf Hoffnung (Römer 8,20). Das Leben ist Gottes Baustelle. Bis kein Leid mehr ist und kein Geschrei aus Trennung mehr, ist noch Übung, noch Kampf, noch Seufzen und Wahnsinn auch. Unsere Stückchen Freude sind Anbruch von viel mehr. Was Gott mit uns vorhat, wird das Vorige nicht widerrufen, sondern vollständig machen. Wenn ein starkes Licht zu leuchten beginnt, löscht es ein schwächeres nicht aus, sondern nimmt es in seine Brandung auf (Ernst Jünger).

Die »Liedhaftigkeit« des Daseins

Worum es letztlich geht im Glauben, hängt an zwei Worten; der Dichter Ralf Rothmann sagt es so: »Die Leidhaftigkeit des Daseins« stand in einem Buch über Buddha. »Die Liedhaftigkeit« hatte ich gelesen, immer wieder »Die Liedhaftigkeit des Daseins von der Wiege bis zum Grab«. Das Leben leidhaft oder liedhaft? Liedvoll das Leben jetzt schon, inklusive Mühe und Entsetzen, das glauben Christen. Die Liedhaftigkeit des Daseins aber hängt am Gutwerden der Welt. Christenglaube ist Prinzip Hoffnung. »Hoffen wir allein in diesem Leben, dann ist unser Glaube umsonst, dann lasst uns essen und trinken, denn morgen sind wir tot« - so Paulus im ersten Brief an die Korinther, 15. Kapitel.
Glaube ist geradezu das Kommenlassen des Zukünftigen. Wir wissen nicht, was morgen sein wird. Aber dass Gott sein wird, weiß der Glaube. Und wenn Gott sein wird, wird Zukunft sein, wird alles voll Zukunft sein, auch wenn wir jetzt nur Traumbilder als Platzhalter haben.

Bilder von der zukünftigen Welt gibt es viele, je als Gegenwelt zum ärgsten Mangel. Etwa das himmlische Jerusalem - das Bild bewahrt das Soziale der Stadt und hat »Schalom«, »Himmel und Erde umfassender Friede« im Namen. Auferweckung - das Bild bewahrt, dass der

Tod als des »Schlafes Bruder«, zu einem neuen Tag führt. Hölle - »ein mythischer Name für das reale Schmerzarchiv der Individuen und Völker« (Peter Sloterdijk). Das »Jüngste Gericht« steht für Herrichten und Heilmachen. Und der alte Rabbi erzählt: Nach der Ankunft des Messias werde die Hölle ans Paradies gestoßen, damit man einen größeren Tanzsaal habe. Und Gott tanze vor (Jean Paul).

Wir sterben in das Zuhause

Grundriss aller Zukunftsbilder ist: Gott kommt immer auf uns zu. Der Glaube ist Ergriffensein von dieser Gewissheit: »Ist Gott für uns, wer kann wider uns sein?« (Römer 8,31)?« Das gilt auch für unsere Toten: Sie sind entlassen in die Freude, sie werden bleiben im Hause des Herrn. Sie sind schon daheim, während wir hier noch auf dem Weg sind, »Hinterbliebene« eben - im Lebenslauf noch nicht am Ziel, sondern noch auf der Strecke. Um noch Erfahrungen zu machen und um dann mal mit voller Fracht Erkenntnis im Hafen »Gott« endgültig anzulanden. Bis dahin sind wir hier auf großer Fahrt, und jeder hat seine Beute zu sammeln und seinen Ballast zu tragen, der seinem Boot den Tiefgang gibt.

Glaube an Gott, den Vollender macht mir auch Vertrauen, dass Gott den Anfang geschaffen hat. Weil er Jesus auferweckt hat und damit Zukunft anbrechen lässt für alles, darum ist dem christlichen Glauben der Vater Jesu Christi auch der Schöpfer. Gott schafft Zukunft dem, an dem sein Herz hängt, also allem. »Denn Du liebst alles, was ist, und verabscheust nichts von dem, was Du gemacht hast; denn Du hast ja nichts bereitet, gegen das Du Hass gehabt hättest« (Weisheit 11,24). Das Vergehen vergeht, Sterben erweist sich als ein Münden ins Große Ganze.

Die Toten haben das Zeitliche gesegnet
Es möge uns gewährt sein, dass wir mal gut von hier
weg können. Der Jesus ging von dieser Erde und bat
für die Zurückbleibenden, kehrte sie zueinander, vertraute sie einander an, bat um Vergebung für die Übel-
täter, was ja auch einschließt, dass er vergab. Wie unsere Toten uns auch zurückließen - ich weiß sie
inzwischen innig mit Christus verwoben und bekehrt.
Was immer das Jüngste Gericht meint, es richtet uns
her, es macht uns heil. Gott vermag alle Bitterkeit aus
der Zukunft zu schöpfen.

Die uns starben, sind »auf der Rückseite der Zeit«
(Xavier Marias), haben schon geheilte Seelen: sie keh-
ren uns auch zueinander, ihre eifersüchtigen Augen
von ehemals sind geheilt. Sie haben auch vergeben
und uns um Vergebung gebeten. Halt Deinen Toten
Entwicklung zugute, besser: Traue Gott zu, sie schon
verwandelt zu haben. Glaub, dass sie das Zeitliche,
also auch Dich, segnen.

10. Die Gemeinschaft des Glaubens

Ein Leib und viele Glieder
Erfahrungen mit Kirche hat jeder gemacht, langweili-
ge, quälende, beglückende. Es wächst die Zahl derer,
die völlig unberührt von Kirche sind. Auch die Mehr-
heit der Mitglieder sehen Kirche von innen nur bei Fa-
milienfesten. Manch ein Zeitgenosse besichtigt zwar
auf Reisen auch kirchliche Sehenswürdigkeiten, fährt
aber an seiner Ortskirche immer vorbei, wie auch am
Tierheim oder dem Hallenbad, und kommt einfach
nicht rein. Sie hören keinen Ruf, haben keine Veran-

lassung. - Was soll man ihnen sagen, was Kirche ist und was sie versäumen?

Das Wort »Kirche« hat das griechische Wort »Kyrios«, Herr, in sich. Also Gott dem Herrn und dem Herrn Jesus Christus gehörend; Kirche ist das »Haus des Herrn«, das Haus Gottes.

Dort geschieht Gottesdienst, wir dienen Gott mit Lob und Dank und Opfer - ja, die Kollekte ist der schwache Rest einer gehörigen Gabe. Und Gott dient uns mit Sinn, Kraft, Seelenpower, Gemeinschaft, Lebensmut. Wir werden in eine Geschichte hereingezogen, werden als Glieder einer Heilsgeschichte angesprochen.

Das ist was Grandioses, zu wem gehören wir denn sonst? Zu Familie, Partner, einer Handvoll geliebter Menschen, zu einer Firma, einem Berufsverband, der Gewerkschaft, zu Abonnenten bestimmter Zeitungen; wir sind Steuerzahler an Kommune, Land, die Bundesrepublik, sind Europäer, Weltbürger, Autofahrer, vielleicht einer bestimmten Automarke treu, Inhaber von 15 Versicherungen, Gartenfreund oder Teilnehmer bei der Volkshochschule, Mitglied dieser oder jener Krankenkasse, Träger von Markenzeichen; doch wer bin ich damit, mit wem bild ich ein Ganzes? Und was für eins?

Früher war das Volk alles, und als Volksgenosse hatte man sich für sein Volk zu verausgaben. Alles vorbei im Zeitalter des Globalen Marktes - aber wir werden wieder mehr in die Pflicht genommen, es wird bedrängend werden wegen der aufgehäuften Staatsschulden und der Hilfesuchenden aus den Hungerländern. Vielleicht hält Dich die Gemeinde der Kunstbegeisterten, oder Du reist mit Deinem Fußballverein mit oder, oder... Aber bildest Du damit ein Ganzes?

Als Glied von Kirche wirst Du als Teil eines Körpers

angesprochen. Viele Glieder, ein Leib, mit einer Geschichte; eine Schicksalsgemeinschaft mit Gott, mit Christus, dem Inbild des Leibes der Kirche. »Die Taufe, sagte der Priester, macht uns zu Gliedern des Körpers Christi. Sind wir daher nicht alle miteinander Glieder des einen und des anderen?« (So bei M. Houellebecq) Menschheit als Familie, eine große Vision. Und darüber hinaus: durch Dich hin greift Gott ins Leben, durch Dich fühlt Gott die Freude, den Schmerz. Gott baut sich seinen Klangkörper Menschheit. Und Kirche ist vielleicht eine Sorte Nervenbahn im Leib der Menschheit, eine Bruderschaft, Schwesternschaft, Geschwisterschaft, eine Art Elite vielleicht, mit der das Zerrissene, Zerstreute, Isolierte das Leib- und Gliedsein lerne. Bei allem persönlichen Einzigartigsein gehören wir doch zu einem Ganzen, bilden einen Organismus, und der Organismus, Gott genannt, oder Christus, ruft uns aus sich heraus, bildet in uns eine Blüte eine Wesenheit.

Dieses Wissen, zu einem Ganzen zu gehören, fing mit den ersten Menschen an. Die sprach Gott an: »Seid fruchtbar und mehret euch und bebaut und bewahrt den Garten Eden« (nach 1. Mose 1,28; 2,15). Dann mit Abraham und Sara kommt eine spezielle Geschichte ins Laufen, die Geschichte des Volkes Gottes, das durch Christus ausgeweitet wurde über den ganzen Erdkreis(griechisch): »kat-olos«, katholisch. Kern der Offenbarung ist, Gott und seine Schöpfung in ihrem Zusammengehören zu erkennen und besonders den Menschen als Gesprächs- und Projektpartner Gottes hochzuhalten. Und dass wir eben eine gemeinsame Geschichte haben mit Gott, in Gott, und die verwandelt uns zum ewigen Leben.

Den Acker Gottes bestellen

Kirche hat eigentlich keine Sondergeschichte, sie ist Trainingsgeschehen für Menschheit, Durchlauferhitzer, Weiterdenker und Weitersagerin von Menschenbild, wie es Gott im Sinne hat, wie es in Jesus Hand und Fuß bekam, und »in Christus« der Strom einer der Hauptkulturen der Menschheit wurde. »Weit über die Blässe offiziellen Kirchentums ist die Welt eine christuserfüllte Welt« (Eugen Rosenstock-Huessy). Wie wir von Welt und Leben denken, das ist weitgehend von der Kenntnis bestimmt, die mit Israel und mit Jesus in die Welt trat. Und wie ein Stück Sauerteig den ganzen Teig durchsäuert, so gestaltet das Menschenbild des christlichen Glaubens die Kultur des Menschseins wesentlich.

Carl Friedrich v. Weizsäcker schreibt: »Das römische Reich war nicht untergegangen, sondern Christen waren seine Herren geworden. Der christliche Kaiser durfte nicht Gewaltlosigkeit üben und den Barbaren das Land zur Eroberung freistellen. Die Kirche wurde ein Herrschaftssystem. Aber sie bewahrte die heiligen Texte. Und in jedem Jahrhundert gab es Proteste aus der Mitte der Kirche gegen ihre Kompromisse mit der Macht. Vielleicht hat niemand die Weltgeschichte stärker verändert als die Christen, die auf nichts als auf ihr Ende hofften.«

Bei jeder Katastrophe in der Welt wissen wir uns zur Hilfe aufgerufen. Das kommt davon, dass Jesus die Geschichte vom barmherzigen Samariter erzählt hat. Und Rotes Kreuz und die Notdienste sind doch die Übersetzung der Nächstenliebe ins Große.

Kirche hat Lesen und Schreiben unters Volk gebracht. Bei allem Kritischen, was Mission auch war, hat jedenfalls ein Großteil der Menschheit an biblischen Texten das Lesen und Schreiben gelernt. Kirche hat

Krankenhäuser, Pflegeheime, Waisenhäuser erfunden, hat im Grundsatz Sklaverei und Deklassierung der Frau verworfen, hat Wissenschaft betrieben, und mit dem Erbe der Antike die Menschheit das Denken gelehrt.

Dass Krankheit nicht verhängte Strafe ist, sondern zu Überwindendes, hat Jesus mit seinen Heilungen gezeigt. Krankheit kann auch Aufgabe sein, Einschränkung; auch eine besondere Berufung, eine etwas andere Geschichte mit Gott zu haben; jedenfalls sind alle unsere Leiden ja an Gottes Leib gelitten. Darum ist auch jede Krankheit ein Wegstück, nie aber das Ziel, ist also auf Heilung angelegt - auch wenn manchmal nur durch den Tod hindurch. Und jeder ist zuständig im Rahmen seiner Kräfte; auch die Krankheit ist nicht nur Mangel sondern auch Kraft - davon sagt mal Paulus: »Gottes Kraft ist in den Schwachen mächtig« (2. Korinther 12,9) und Jesus: »Selig sind die Leid tragen, sie sollen getröstet werden« (Matthäus 5,4). Alles soll getröstet werden, alles ist in der Mache, heilzuwerden, so das Gottesprojekt.

Kirche weiß davon und soll dieses Wissen in die Menschheit säen, und soll das Leben, den Acker Gottes, gut bestellen. Also auch Kranke ehren, sie haben eine Erfahrung anderen voraus, die wir zum Menschwerden alle brauchen. Und jeder bekommt eine Last, unter jedem Dach ein Ach, das geht nicht anders, solange wir eben feinfühlige und bedürftige Menschen sind.

Kirche weiß auch, dass Armut kein Verhängnis ist über einer Hälfte der Menschheit. Besitzenden gilt der Auftrag: »Brich mit dem Hungrigen Dein Brot, die ohne Obdach führe ins Haus, dann wird Deine (!) Heilung voranschreiten« (Jesaja 58,7f). Die Leidenschaft einer verbesserlichen Gesellschaft ist aus dem Gottesglauben direkt abgeleitet, gegen Kismet- und Karmabann. Es ist doch so: »Wem viel anvertraut ist, von dem wird viel verlangt« (Lukas 12,48). Und Du mit Mangel, versteck Dich nicht, »bittet, suchet, klopfet an«) sagt Jesus (Matthäus 7,7) und Paulus: »Wenn ein Glied leidet, leiden alle mit« (1.Korinther 12,26). Dieser große Entwurf, zusammen zu gehören als Leib und Glieder, pulsiert in der Menschheit und treibt unzählige Aktionen für eine gerechtere Welt.

Aber auch die Glieder der Kirche lösen allermeist den hohen Anspruch von Leib- und Gliedverbundenheit nicht ein und sehen sich mehr als Individuen mit Suchrichtung: Wohlbefinden. Doch es ist doch so, dass hart neben Not keine Zufriedenheit gelingen kann; warum man auch sich selbst nützt, wenn man Not nebenan lindert. Diese Verschränkung von Eigen- und Nächstenliebe ist eine nützliche Erfindung des Schöpfers und sollte nicht verächtlich gemacht werden. Selbstlosigkeit ist höchst selten verlangt, meist reicht: »Was Du willst, dass man es Dir tu, das tu auch anderen« (die Goldene Regel, auch von Jesus: Matthäus 7,12).

Auch wir Christen glauben uns weniger als Glieder des Leibes Christi, eher als Mitglieder eines bürgerlichen Vereins. Schon Paulus beklagte Lieblosigkeit bei den Christen in Korinth und bemängelte, dass beim Abendmahl nicht gut geteilt werde: »Die einen bleiben hungrig, die andern betrinken sich« (1. Korinther 11,21) - was dann bald hinführte zu (nur) symbolischem Schluck und Bissen. Auch des Paulus Mühen um eine Kollekte für die darbende Urgemeinde in Jerusalem sind bekannt: »Wer da kärglich sät, wird auch kärglich ernten, einen fröhlichen Geber hat Gott lieb« (2.Korinther 9,6f). Die Erziehung der Menschheit zieht sich schon lange hin.

Die Konfessionen: verschiedene Sprachen

Ärgerlich kann man über die verschiedenen Konfessionen denken; allein die Frage, was denn das Wesen sei von Brot und Wein beim Abendmahl, der Eucharistie, hat Kriege entzündet und Völker gespalten. Heutzutage kann man einem Zeitgenossen nicht mehr die Unterschiede erklären. Theologische Rechthaberei verhindert Gemeinschaft, das ist schon ein Armutszeugnis. Ansonsten sind die verschiedenen Glaubensrichtungen, wie die verschiedenen Religionen überhaupt, normal wie die verschiedenen Sprachen. Sie sind ja Sprachen und Dialekte der Menschen mit dem Ewigen. Jede Konfession und Religion hat ihre Weisheit und ist nicht die ganze Wahrheit. Gerade vom Glauben gilt: Wir haben den Schatz nur in irdenen Gefäßen, sehen jetzt wie durch einen beschlagenen Spiegel nur ein dunkles Bild. Erst dann, wenn Gott sein wird alles in allem, sehen wir von Angesicht zu Angesicht und werden erkennen, wie wir von immer her gemeint sind (2. Korinther 4,7; 1. Korinther 13,12).

Unterschiedliche Religionen und Konfessionen bilden oft den Kern der Verschiedenheit von Volksgruppen, aber brisant wird dieser immer durch wirtschaftliches Gefälle. So ist die stärkste Wurzel für Antisemitismus Neid und Gier - alle Pogrome und die Shoah waren für die Mörder auch schauerliches Beutemachen. Und im nordirischen Konflikt bebt nach die Eroberung durch das anglikanische England. Und im Nah-Ostkonflikt geht es vordergründig um Heilige Stätten, aber erst recht doch um Land und Wasser. Und der Kaschmirkonflikt und in Indonesien... Furchtbar, dass Gott, von dem alle Religionen wissen, er ist Einer, durch die Zerwürfnisse als parteiisch ausgegeben wird.

Aber Verzicht auf Religion macht die Menschheit leider auch nicht friedlich. Es gilt, den Schatz aller Religionen zu heben: der Ruf zu Güte und Toleranz und die Arbeit für den Frieden. Jedenfalls war der Zweite Weltkrieg bei allem Einspannen von Kirche ein Machtkrieg völlig entchristlichter Herrscher und Systeme. Der Nationalsozialismus war als Religion verkleidet und machte den Staat zur Kirche und Hitler zum Heiland. Und der »Gott Mammon« lässt milliardenfach verelenden.

Kirche hat sich lange als Statthalter Gottes auf Erden aufgespielt, bis dann die Kaiser und Könige Kirche zur moralischen Erziehungsanstalt herunterstuften. Und die demokratische Verfassung Kirche und Staat trennte und Religion zur Privatsache erklärte. Die römisch-katholische Kirche besteht auf ihrer Stellvertreter-Christi-Stellung, teils auch noch mit Pomp und Gewissensknebelung. Die evangelischen Kirchen unterliegen oft einer anderen Versuchung: sie verlieren sich bei Pfarrkonventen, Kirchenvorständen, Synoden in kircheninterne Diskussionen und Finanzsachen. Sie sind bieder und behäbig. Für Stellungnahmen zu ethischen Problemen wünschte man mehr Brillanz des Heiligen Geistes. Und gut wären mehr Gottesdienste mit einer/m Ergriffenen auf der Kanzel und Ernst und Freude gutgemischt. Aber auch in Kirche gilt: »Der Geist weht, wo er will« (nach Johannes 3,8).

Die Taufe - das Siegel Gottes

Kirche ist Versammlung von Menschen - daher das andere griechische Wort für Kirche: »ekklesia«, Volksversammlung. Dort wird zum Treffen von Gott und Mensch, Himmel und Erde eingeladen - was oft im Kontrast steht zu dem Kleinlichen bei Kirche, wo manche »Dome voll zurückgelassener Gegenstände sind, denen der Sinn abhanden gekommen ist, Klumpen erstarrter Religion, ihrer Menschen entledigt« (Cees Nooteboom).

Das religiöse Genie Paulus hat wohl zwanzig Gemeinden in Kleinasien gegründet, doch keine hat gehalten. Wenn nicht durch verschiedene geschichtliche Umstände zur rechten Zeit ein geistliches Beamtensystem mit politischer Wirksamkeit in Rom entstanden wäre, wäre Kirche in den Anfängen schon vom Winde verweht worden. Ohne die Verlässlichkeit von Institution könnte niemals Geschichte entstehen, denn die geistigen Anstrengungen bleiben ewig strittig und windig (R. Musil). Gut, dass bis heute Streit ist zwischen Geist und Amt, zwischen Charisma und Institution. Jenseits von Versteinerung und heißer Luft muss Kirche Lebensmut schlagen aus dem alten Wort für heute.

Man entscheidet sich, zur Kirche zu gehören - auch wenn man sich nur entscheidet, die von den Eltern getroffene Entscheidung nicht zu widerrufen. Und doch, auch wenn man auf eigenen Füßen zur Taufe kommt, wird man doch eigentlich vom Heiligen Geist hingetragen. Ich halte die Kindertaufe für vertretbar; wir entscheiden für unsere Kinder Nation und Namen und unwissentlich die Gen-Ausstattung. Da wäre es für Christen ein Unding, den religiösen Bereich beim Kind als blinden Fleck zu handhaben.

Glied von Kirche wird man durch die Taufe. Die gibt man sich nicht, die empfängt man. Sie ist Siegel Gottes: »Du bist mein Kind, fürchte Dich nicht, ich habe Dich (aus dem Nichtsein) erlöst; ich habe Dich bei Deinem Namen gerufen; Du bist mein« (Jesaja 43,1)! Was ursprünglich dem Volk Israel in seiner konkreten Not von Vertreibung, Exil und Rückkehr gesagt war, das wagt die Christenheit dem einzelnen Menschen zuzusagen: Du, Gott liebt Dich und braucht Dich, darum lebst Du. Das ist die Substanz von Kirche, die weit strahlt. Ich weiß von keinem Menschen, der je sein Getauftsein bereut hätte.

Kirche gehört allen

Ich weiß nicht, wie Menschen ohne Kirche, Tempel, Schrein, ohne gefasstes Heiliges, gemeinsames Gebet eine Bindung zu Gott halten können; weiß auch nicht, wie man ohne Bindung zu Gott Mensch bleiben kann. Noch hat keine religionslose Gesellschaft über mehrere Generationen existiert. Unter Hitler, Stalin, Mao, Pol Pot war Kirche und Religion zum Schweigen gebracht oder zum Irrglauben, an Hitler etwa, umgetauft. Zwölf Jahre NS-Zeit plus vierzig Jahre Staatsatheis- mus haben in Ostdeutschland neben wunderbaren Inseln wacher Kirche viel geistliche Dürre besorgt. Auch in Westdeutschland bröckelt Kirche allenthalben; Big-Brother und Pokemon und drei Stunden Fernsehen pro Tag breiten Brachland im Kopf aus. »Immer mehr Menschen wissen nicht, wie man leben sollte. Eine seltsame Idee, sich fortzupflanzen, wenn man das Leben nicht liebt« (nach Michel Houellebecq).

Glücksaugenblicke im Pastorenberuf gibt es viele: etwa, wenn die Schulanfänger zum erstenmal im großen Kreis ihre Kirche erleben. Und sie dann auch gesagt bekommen, dies (hoffentlich) wunderschöne Haus gehöre auch ihnen. Und wie schon ihre Eltern und Oma und Opa hier (oder in einer anderen Kirche) kurz nach deren Geburt von vielen Menschen begrüßt worden sind und sie das Zeichen der Taufe bekommen haben, das sie nie verlieren können. Und dass hier sie mal zum Erwachsenwerden mit Gotteskraft gesegnet werden. Und hier hat Vater, Mutter sich als Ehepaar bekommen und von hier aus hat Opa mal seinem verstorbenen Vater ein Grab gegeben. Und diese Kirche gehört jedem, der hingeht.

Und ein bisschen auch dem, der vorbeifährt. Die Kirche bewahrt nicht Asche auf, sondern hält ein Feuer am Brennen, das auch Fernstehende noch wärmt. Hier »ist zu spüren ein Einschluss Weltabgewandtheit in der harten Weltkugel, die ohne diese machtvollen Verstecke der Stille auseinanderflöge« (nach Botho Strauß).

Sicher kann man auch mal aus der Kirche austreten, vor allem, wenn man loslegt, sein Leben auf eigene Faust zu gestalten. Aber irgendwann merkt jeder, dass er von Gnade lebt und seine Fähigkeiten Begabungen, also Gaben sind und das Gelingen der Liebe Wunder ist und jeder Schritt und jede heil überstandene Autofahrt so viel Bewahrung brauchte - dass jeder denkende Mensch hofft, die Adresse für Dank und Klage ist mit Gott besetzt. Irgendwann wird er Kirche wieder mittragen, weil er will, dass lebendige Kirche bleibt, einfach aus Fairness. Auch wenn er Kirche gerade nicht braucht, braucht sie doch ihn. Mal unter Geschwistern: die gesparte Kirchensteuer wird ja nicht (mehr) für Nötiges verbraucht, sondern vermehrt nur das Erbe. Wer will das eigentlich wirklich? Stärken wir Kirche, tun wir auch was für unsere Erben; sie werden Gottvertrauen und Weltverantwortung brauchen.

Eigenartig. Auch Distanzierte gehen irgendwann in Kirchen und Tempel. Irgendwie ist der Mensch unheilbar religiös.

11. Wo der Glaube sein Leben führt

Die Welt bewältigen

Der Soziologe Emile Durkheim meint, der ursprüngliche Sinn von Religion sei nicht etwa, die Menschen mit Gott in Verbindung zu bringen, sondern den Kontakt zwischen den Menschen herzustellen. In Gottesdiensten und religiösen Riten und mit heiligen Worten teilten wir Menschen unsere größte Freude und unsere größte Trauer miteinander. Dazu passt die schöne Geschichte: der Sohn fragt den Vater: »Wenn Du nicht an Gott glaubst, warum gehst Du dann regelmäßig zum Tempel?« Der Vater: »Juden gehen aus mancherlei Gründen zum Tempel. Mein Freund Emil zum Beispiel geht, um Zwiesprache mit Gott zu halten. Und ich gehe hin, um mit Emil zu reden.« - So ähnlich ist es »bei Kirchens« auch.

Jedenfalls, wenn die Kirche aus ist, fängt der Gottesdienst richtig an. Denn Gott redet in den alltäglichen Dingen und Wesen. Und wir antworten durch unser Umgehen mit den Dingen und Wesen. Das verändert sie und uns. Was wieder nächste Ansprache Gottes an uns ist, und wir antworten erneut mit unserem Tun und Lassen. »Aller spezieller Gottesdienst ist immer nur neue Bereitung und Heiligung zu diesem Umgang mit Gott an der Welt« sagt Martin Buber.

Das Wesen des Glaubens ist, die Welt zu bewältigen. Und spezieller Gottesdienst soll helfen, mit dem Leben zurechtzukommen, damit das Leben mit uns zurechtkomme. Wahrer Glaube ist Kraftstoff, das Leben mit Elan zu umarmen und macht süchtig nach dem Tatsächlichen, denn darin wirkt das Geheimnis der Welt. Dagegen legt das matte Bestrahltwerden mit seichter Unterhaltung uns in leichte Narkose, hält uns ab vom

Nötigen. Ja, wenn einen die Ansprüche zu zerreißen drohen; wenn man meint, mit den Beinen auf zwei Schollen zu stehen, die man zusammenhalten muss, dann kann man schon fliehen in Trance.

Besser wirkt ein Gottesdienst. Er besorgt es, dass unter uns die Wirklichkeit nicht auseinanderklafft. Wir können uns vergewissern: wir sind in einem guten Ganzen; wir sind von Gott richtig im Leben aufgestellt. Ordnen wir doch unsere Sachen und Kalender, auch unter der Überschrift: »Gott achtet uns, wenn wir arbeiten, aber er liebt uns, wenn wir spielen« (Rabindranath Tagore).

Du bist, was Du von Dir glaubst

Doch bitte, glaub das, weiß das. Du bist richtig von Gott gemacht, das Leben richtig zu nehmen auch mit den Schatten. Darum ist Glaube so wichtig. Dein Glaube macht Dich gut oder schlecht, macht Gott und Abgott, macht Dir Himmel oder Hölle. Für was Du Dich, die anderen, die Dinge hältst, das sind sie Dir. Du bist Dir, was Du von Dir glaubst, die anderen und die Dinge sind Dir, was und wie Du sie einschätzt. Du, wer ist das? Was ist Dein tiefstes Wesen?

Glaubst Du Dich in Mutter Gott, Schöpfer, Schöpferin der Welt, dann glaubst Du Dich als Kind Gottes, hältst Dich nicht für verfehlt oder überflüssig oder böse, sondern mit allen auch gegenläufigen Erfahrungen bist Du mit einem unsichtbaren Heiligenschein ausgerüstet, auch wenn andere abfällig mit Dir umgehen. Du hast in Dir eine Würde wie Bonhoeffer, lass Dich nicht knicken.

Und für was Du die anderen hältst, sie sind auch mit Gott verbunden, Du kannst sie nicht verdammen, und Du weißt das. Und die Sachen, sie sind Werkzeug, Geld - ein Segel in der Tasche (japanisch), ein Auto -

es darf Dir nicht zur Waffe werden, Medien - sie erstatten (oft schiefen) Bericht von Wirklichkeit, und Du hast Macht zu wählen.

Die Zusammenhänge verstehen

Was wir von den Dingen halten, darin wirkt sich unser Glaube aus. Es gibt nichts außerhalb Deiner Beziehung zu Gott. Du, ich, wir müssen als an Gott Glaubende mit BSE und anderen Seuchen zu Rande kommen. Es reicht nicht, als Verbraucher eben mal Rindfleisch zu streichen, als Landwirte eben die Schlachtprämie anzunehmen, als Politiker auf Brüssel zu hören.

Glaubend an Gott, den Schöpfer, an Christus als Herrn, an den Heiligen Geist als Souffleur - wie verbrauche ich da? Wie betreibe ich Landwirtschaft mit diesem Glauben? Mache Politik aus diesem Glauben?

Der Gegenstand des Glaubens, das Material des Glaubens ist die Welt, nicht Gott. Darum muss man so viel wie möglich wissen von der Welt. Nur, als was ich die Welt glaube, das kommt wesentlich davon, was ich von Gott oder von Jesus weiß. Etwa: »Der Acker Gottes ist die Welt« (Matthäus 13,38). Die Geschichte, worin das vorkommt, geht so:

Jesus legte ihnen ein Gleichnis vor und sprach: »Das Himmelreich gleicht einem Menschen, der guten Samen auf seinen Acker säte. Als aber die Leute schliefen, kam sein Feind und säte Unkraut zwischen den Weizen und ging davon. Als nun die Saat wuchs und Frucht brachte, da fand sich auch das Unkraut.

Da traten die Knechte zu dem Herrn und sprachen: Herr, hast Du nicht guten Samen auf Deinen Acker gesät? Woher hat er denn das Unkraut? Er sprach zu ihnen: Das hat ein Feind getan. Da sprachen die Knechte: Willst Du denn, dass wir hingehen und es ausjäten?

Er sprach: Nein! damit ihr nicht zugleich den Weizen mit ausrauft, wenn ihr das Unkraut ausjätet. Lasst beides miteinander wachsen bis zur Ernte.« (Matthäus 13,24-29)

Unkraut und Weizen
Die Geschichte des Jesus lässt einige Dinge anders sehen, als wir gewohnt sind; woher soviel Böses in der Welt? Hat Gott das gemacht? Wie sollte Gott auf seinen eigenen Acker schlechten Samen säen? - nein, ein Feind. Nicht »der Feind« - hat Gott einen Feind? Jedenfalls ist Gott so groß, dass er Widerspruch zulässt; uns nicht zur Anerkennung zwingt, uns auch nährt, wenn wir Kain oder Hitler heißen. Das zum Thema Feind.

Soll das Unkraut ausgerissen werden, sollen die Bösen ausgerottet werden? Nein sagt Jesus, lasst Unkraut und Weizen miteinander wachsen, sorgt ihr dafür, was an euch ist, dass ihr Weizen seid und viel Frucht bringt, das hält das Unkraut klein. Also nicht das Böse beseitigen, sondern das Gute mehren. - Auf die Rechtsradikalen, Ausländerfeindlichen, Behindertenschinder gewendet: haltet sie mit beispielhaftem Leben vom miesen Leben ab; wünscht sie nicht tot, sondern haltet sie klein. Befreundet euch mit Ausländern, lebt liebevoll, partnerschaftlich zusammen mit behindert so tapfer Lebenden.

Gute und Böse müssen zusammenbleiben, bis Gott sich ihrer annimmt, mit ihnen zu Rande kommt. Außerdem gibt es ganz wenig gut-gute Menschen und ganz wenig bös-böse Menschen, allermeist sind wir gut-böse, bös-gute Menschen (nach R. Musil). Wir dürfen nicht schon Jüngstes Gericht spielen, auch nicht verbal. Also kann die große Politik auch nicht sortieren in die guten und die »Schurkenstaaten«.

Die Welt ist Gottes Acker. Und wir sehen uns bitte als fleißig Mitarbeitende, auch, was an uns ist, als gute Saat. Ob wir an Gott glauben, hängt daran, ob wir z.B. unsere Kinder als von Gott uns anvertraut glauben. Ob wir an den Schöpfer glauben, hängt daran, ob wir uns als Geschöpfe einschätzen und die übrige Kreatur als Mitgeschöpfe achten, sie also nie nur als Nahrung verbrauchen. Ob wir uns in einer gottdurchfluteten Welt wissen, erweist sich nicht nur daran, dass wir ehrfürchtig eine Landschaft unter großem Regenbogen bestaunen; wir müssen in Hungernden auch Gott mit am Verhungern sehen, und endlich Hilfe organisieren.

An Gott glauben heißt, die Menschen und Dinge in einem Ganzen sehen. Und dann geht der Morgenstern auf in unseren Herzen, und wir wissen, was wir müssen. Und sind zur Freude berufen.

12. Vom Durchhalten des Glaubens

Wenn der Glaube wackelt

Du willst Deinen Glauben durchhalten; Dein Glaube soll Dir Kraft geben, durchzustehen. Aber Dein Bewusstsein von Dir ist Dir nicht sicher. Ein Wort kann Dich fällen und Du bist niedergeschlagen, Du stellst Deinen Glauben in Frage, Du siehst Deinen Glauben in Frage gestellt.

»Anfechtung« ist ein starkes altes Wort für eine moderne Sache: Widerspruch wird Dir eingeschenkt von überall. Dass Du bewahrt bist, ist Dir oft nicht klar. Du hörst: »Verlass Dich nur auf Dich alleine«; oder: »Nur Zählbares zählt«. Doch bei aller Skepsis, allem Wankelmut setz darauf: in Dir weiß es, Du gehörst zu Gott.

Und bei allen schlechten Erfahrungen bleibt doch die Zuversicht, dass es gut werden wird.

Das traurig-fröhlich, gut-böse, dies Enttäuschen und Beglücken, dies gute Zeiten - schwere Zeiten füllten Menschen in ein Weltbild mit zwei Herren. Erst in einer letzten Schlacht werde der Gott des Lichtes und der Liebe, der Vater Jesu, sich als Sieger erweisen. Das aber räumt doch zuviel Platz und Zeit und Ehre ein für einen Widersacher Gottes. Was noch dunkel ist, ist nur Schatten, den Gott wirft. Wunderbar hat das der große Hiob erfasst: er ruft Gott zu Hilfe gegen Gott. Den einen Gott, den er für das Schicksal zuständig hält, also auch für seine Gebrechen, den brüllt Hiob an: »Ich weiß, dass mein Erlöser lebt, und mich letztlich ziehen wird aus den Wassern der Angst; er wird sich und mich über den Staub erheben (nach Hiob 19,25). - Also gibt es keinen Gegengott, so zweigesichtig Gott uns auch erscheinen mag. »Finsternis ist nicht finster bei Dir« (Psalm 139,12). Oder ähnlich die Worte des großen Bonhoeffer: »Wer Du auch bist, wer ich auch bin, Du kennst mich, Dein bin ich, o Gott.«

Ausgestreckt zum ergänzenden Gott

Jesus hat vorgelebt, wie es ist, mit Gott zu leben. Auch er hat einen Augenblick lang Gott nicht verstanden. Vielleicht hat ihm einer unterm Kreuz zugerufen, was Hiobs Frau ihrem Mann schon verächtlich zubrüllte: »Was hältst Du noch fest an Deiner Frömmigkeit? Sag Gott ab und stirb« (Hiob 2,9). Jesus sagt: »Mein Gott, mein Gott, warum hast Du mich verlassen?« (Matthäus 27,46) - aber er hält Gott bei sich, ihm ist er der Ganze, er ist ihm treu, auch wenn das Gegenüber alles Liebende verloren hat. Jesus stirbt, wie er lebte, mit ausgestreckter Hand hin zu, nicht in sich zurückgezogen, sondern sich sehnend, ergänzt zu werden.

Das Durchhalten des Glaubens ist ausgestreckt leben, ausgestreckt zum ergänzenden Gott. Der Adam in Michelangelos Gemälde zeigt, was unser Wesen ist: hingestreckt sein zu der Energie, die aufrichtet. Menschsein ist Ergänztwerden, ist sich glauben als Teil der Gottesfülle. - Wir sind mehr, als was wir biologisch sind, mehr als nur Ableger aus dem Tierreich; eben auch nicht Mitmensch nur, ausgeliefert der Bedeutung, die andere mir zumessen. Wir sind wesentlich Gottes Gesprächsgegenüber, Kooperatoren, seine Zukunftsgefährten. »Und fahr ich durch die Höll', ist Gott doch mein Gesell« - kann man ein Kirchenlied variieren - dieses Ergänztwerden, dieses Heilgemachtwerden, das lass Dein Matrix, Deine Ikone sein.

Nicht Du machst Dich zugehörig, sondern Du bist vom Wesen her Gottes Äußerung. »Teneo quia teneor« - heißt dieses alte Wissen: »Ich halte, weil ich festgehalten werde.« Das glaube: mit allen Begabungen und Verletzbarkeiten Deines Körpers, mit allen Versprechern Deiner Seele bist Du gute Saat und Baum aus Gottes Erde und Gärtner im Garten Gottes.

Die Bilder überlagern sich, und viele andere von Schaf und Herde, von Kind und Familie, von Leib und Gliedern bringen ihren Tupfer dazu.

Auch bist Du es nicht, der sich für Gott geeignet macht. Ja, wir sollen die Richtung einhalten: Durch uns mehr Liebe in die Welt. »Schaffet, dass ihr selig werdet, mit Achtsamkeit und Fleiß, denn« - nicht zu fassen, was Paulus als Begründung gibt - »denn Gott ist es, der in euch ausrichtet das Wollen und Vollbringen« (Philipper 2,13).

In Mühen gehalten

Halte durch, dies »Gott liebt Dich und braucht Dich«, im Wissen, Gott richtet es in Dir aus. Das hilft gegen

Zerrissensein. Lass das zu: da ist mal Gekränktsein, weil keiner Dich mag. Und die Dich mögen, magst Du nicht. Wir fühlen gern von allen Seiten Zuneigung und hätten gern die Auswahl. Aber die anderen haben auch genug mit sich zu tun. Wir müssen an die Liebe glauben, auch wenn das Leben sich widerspenstig gibt.

Und steh für das ein, was Du als richtig erkannt hast und pflege Dein Gewissen, den Schallverstärker für kleine, moralische Geräusche in Dir. Du bist mitgenommen auf Gottes Fahrt durch die Wirklichkeit. Glaub, dass Gott Dir genug Energie schafft, gut von Dir zu denken. Und so denk gut von Dir und anderen, dann werden sie passabel zu Dir sein.

Die Zukunft ist Machwerk Gottes

Die Welt ist noch nicht heil, und auch Du hast noch Mühe und noch ist so viel Not - aber das Schlimme ist nur ganz schlimm, wenn nur Schlimmes daraus wird. Also ist höchst wichtig, wie es ausgeht. Paulus singt ein grandioses Glaubenslied:

»Wir wissen, dass denen, die Gott lieben, alle Dinge zum Besten dienen... Denn ist Gott für uns, wer kann wider uns sein?... Wer will die Auserwählten Gottes beschuldigen? Gott ist hier, der gerecht macht. Wer will verdammen? Christus Jesus ist hier, der gestorben ist, ja vielmehr, der auch auferweckt ist, der zur Rechten Gottes ist und uns vertritt.

Wer will uns scheiden von der Liebe Gottes? Trübsal oder Angst oder Verfolgung oder Hunger oder Blöße oder Gefahr oder Schwert?

Ich bin gewiss, dass weder Tod noch Leben, weder Engel noch Mächte noch Gewalten, weder Gegenwärtiges noch Zukünftiges, weder Hohes noch Tiefes noch irgend eine andere Kreatur uns scheiden kann von der Liebe Gottes, die in Christus Jesus offenbar ist, unserm Herrn.« (Römer 8,28.31-39).

Begeisternd ist, wie die Zukunft ausgelotet wird als Kreatur, als Schöpfungsraum mit weitem Horizont. Zukunft ist Machwerk, ist Raum, in welchem, was auch immer passiert, Gott der Herr ist. Und nichts kann uns von ihm wegreißen. Ja, da sind Anfechtungen: Wie kann Gott das zulassen, das Grauen, das Weh. - Die sechste Bitte im Vaterunser ist schon abgründig: »Führe uns nicht in Versuchung«, an Dir irre zu werden. Ja, (u. a. mit Walter Dirks) »führe uns in der Versuchung,« dass wir Nachhause kommen.

Viele Wohnungen im Hause Gottes
Wir sind auf dem Weg. Christlicher Glaube beschafft die mentale Kraft, sich hier nicht an Habe und Heimat zu binden, sondern ein inneres Zuhause zu haben. Es klingt in der Bibel die Erinnerung an Abraham und Sara und die semitischen Nomaden mit, deren Gott im Zelt mitzog. Auch Jesu Wort: »Die Füchse haben Gruben, aber der Menschensohn hat nichts eigenes, wo er sein Haupt hin betten könnte« (Matthäus 8,20), passt zu dem Gedanken: »Wir haben hier keine bleibende Stadt, sondern die zukünftige suchen wir« (Hebräer 13,14). Im Vorläufigen ein Nest haben aus Menschenfreundlichkeit und Weltwissen, »beschirmt unter dem Schatten Deiner Flügel« (Psalm 17,8), mit Heimatliedern aus der Bibel und Mozart und den Beatles (z. B.), da kann man schon ziemlich gern leben.

Ein Goldwort ist auch: »Euer Herz erschrecke nicht! Glaubt an Gott und glaubt an mich! In meines Vaters Haus sind viele Wohnungen. Ich sage euch: Ich gehe hin, euch Heimstatt zu bereiten« (Johannes 14,1f).

Ich höre da auch ein endgültiges Nachhausekommen angesagt. Befreiend daran ist auch, ich muss um mein Spurenhinterlassen hier mich nicht sorgen. Du, ich, wir werden zur Ruhe kommen. Wenn Du mehr Farben brauchst, Bilder, Klänge, das Später Dir auszumalen, nimm, was Dir gut tut und anderer Menschen Vorstellungen nicht beschädigt. In unseres Vaters Haus sind viele Wohnungen mit verschiedenen Tapeten - das ist Einladung zu Freiraum ohnegleichen.

Alle unsere Vorstellungen sind so was wie Tapeten. Wir kleiden unsere Sehnsüchte in die Stoffe, die hier zu haben sind. Aber sie sind fadenscheinig, sie sind Feigenblätter, Felle, gut gegen die Blöße (1. Mose 3,21) die innere Leere; aber in Gottes Haus werden wir prächtig gekleidet - dann spätestens schmücken wir einander fürs Fest der Freude.

Das Versprechen der vielen Wohnungen im Haus Gottes hat den Geschmack von Großzügigkeit bei sich: dass Du auch jetzt schon, im eigenen Leben, in Deiner Haut, in Deiner Geschichte, in Deinen Wünschen, in Deinen Beziehungen bei Dir zu Haus sein sollst, dafür sorge. Aber Du bist schon auch wie ein Ziegel in einer Mauer, und die Spannung der ganzen Mauer geht auch durch Dich, und Dein Halt hält die Mauer mit. Du bei Dir zuhause, das braucht den Glauben, dass die Welt unverlierbar letztlich zu Gott zu gehört. Glaub sie nicht als Druckfehler des Nichts - in einer verlorenen Welt kannst Du nicht Dich retten. »Es gibt kein richtiges Leben im falschen« (Theodor W. Adorno). - »In der nichtigen Welt habt ihr Angst, aber seid getrost, ich habe diese Welt überwunden« (Johannes 16,33), sagt Christus. Diese Welt ist keine Teufelsbude, kein Geisterhaus, sondern Haus Gottes, mit vielen Wohnungen; Du kannst hier bei Dir zu Haus sein. Das Fernziel von Frieden kannst Du im Nahziel, hier, heute schon schmecken. Und die Menschen, die uns gut sind an Leib und Seele, die sind die Engel Gottes.

Die irdische Liebe ist Anfang der himmlischen Liebe, in jeder Zartheit, die bejaht, streift uns eine Feder von Gottes Flügel.

Es ist der Glaube, der aus uns wen macht. Luther sagt es hart: »Glaubst Du, so hast Du; glaubst Du nicht, so hast Du nicht.« Glaubst Du, so hast Du das Zugottgehören, hast Vergebung, Auftrag, Trost, Lebensmut. « Du bereitest vor mir einen Tisch, im Angesicht meiner Feinde« (Psalm 23,5), meint auch, angesichts meiner oft verneinenden und vernichtenden Gedanken bereitest Du Gott mir Auskommen und Freude.

Doch, »lebe gut, lache gut, mache Deine Sache gut« (Joachim Ringelnatz). Und merk Dein Dankbarsein. Es soll immer mehr Dein Grundgefühl werden. Dank ist ja die wahre Substanz von Frommheit, dies Staunen, dass Leben gelingt, Dir, mit Dir, und oft trotz Deinerselbst.

Hauptsache, Du vertraust: die Schöpfung ist noch im Werden und Du mit. Lass Dir daran genügen: Gott weiß. Und Du tu Deins.

Die wiedergefundenen Söhne

Die schönste Geschichte von Jesus: Die verlorenen und wiedergefundenen Söhne, Lukas 15:

Ein Mensch hatte zwei Söhne. Und der jüngere von ihnen sprach zu dem Vater: Gib mir, Vater, das Erbteil, das mir zusteht. Und er teilte das Gut unter sie.

Und nicht lange danach sammelte der jüngere Sohn alles zusammen und zog in ein fernes Land; und dort brachte er sein Erbteil durch mit Prassen. Als er nun all das Seine verbraucht hatte, kam eine große Hungersnot über jenes Land, und er fing an zu darben und ging hin und hängte sich an einen Bürger jenes Landes; der schickte ihn auf seinen Acker, die Säue zu hüten.Und er begehrte, seinen Bauch zu füllen mit den

Schoten, die die Säue fraßen; und niemand gab sie ihm.

Da ging er in sich und sprach: Wie viele Tagelöhner hat mein Vater, die Brot in Fülle haben, und ich verderbe hier im Hunger! Ich will mich aufmachen und zu meinem Vater gehen und zu ihm sagen: Vater, ich habe gesündigt gegen den Himmel und vor Dir.Ich bin nicht mehr wert, dass ich Dein Sohn heiße; mache mich zu einem Deiner Tagelöhner!

Und er machte sich auf und kam zu seinem Vater. Als er aber noch weit entfernt war, sah ihn sein Vater und es jammerte ihn; er lief und fiel ihm um den Hals und küsste ihn. Der Sohn aber sprach zu ihm: Vater, ich habe gesündigt gegen den Himmel und vor Dir; ich bin hinfort nicht mehr wert, dass ich Dein Sohn heiße.

Aber der Vater sprach zu seinen Knechten: Bringt schnell das beste Gewand her und zieht es ihm an und gebt ihm einen Ring an seine Hand und Schuhe an seine Füße. Und bringt das gemästete Kalb und schlachtet's; lasst uns essen und fröhlich sein! Denn dieser mein Sohn war tot und ist wieder lebendig geworden; er war verloren und ist gefunden worden. Und sie fingen an, fröhlich zu sein.

Aber der ältere Sohn war auf dem Feld. Und als er nahe zum Hause kam, hörte er Singen und Tanzen und rief zu sich einen der Knechte und fragte, was das wäre. Der aber sagte ihm: Dein Bruder ist gekommen, und Dein Vater hat das gemästete Kalb geschlachtet, weil er ihn gesund wiederhat.

Da wurde er zornig und wollte nicht hineingehen. Da ging sein Vater heraus und bat ihn. Er antwortete aber und sprach zu seinem Vater: Siehe, so viele Jahre diene ich Dir und habe Dein Gebot noch nie übertreten, und Du hast mir nie einen Bock gegeben, dass ich mit meinen Freunden fröhlich gewesen wäre. Nun aber, da dieser Dein Sohn gekommen ist, der Dein Hab und Gut mit Huren verprasst hat, hast Du ihm das gemästete Kalb geschlachtet.

Er aber sprach zu ihm: Mein Sohn, Du bist allezeit bei mir und alles, was mein ist, das ist Dein. Du solltest aber fröhlich und guten Mutes sein; denn dieser Dein Bruder war tot und ist wieder lebendig geworden, er war verloren und ist wiedergefunden.

Als Geschwister einander annehmen
Es gibt Geschichten, die sind Graubrot im Notgepäck des Lebens; eine Scheibe davon, und man kommt durch. Das Gleichnis des Jesus vom Verlorenen Sohn ist mir die innigste Erzählung davon, wie wir zu Gott gehören und wie wir Schwierigen als Geschwister zueinander hingedacht sind.

Wir sehnen uns nach Halt und Sinn. Die einen klammern sich an ihre Arbeit, pendeln ansonsten zwischen Supermarkt und Psychopharmaca, andere rufen ihre Zweipersonenliebe zum Sinn des Ganzen aus oder halten die Familie für die letzte Rettung, ihr Haus für die feste Burg. Und überhöhen damit Arbeit oder Liebe oder Familie oder eigenes Wohlbefinden. Es gibt noch mehr als diese Grundzutaten des Lebens.

Wohin gehören wir, ich, Du? Wie gehören wir zusammen? Die Menschen müssen das schon früher gefragt haben; sonst wäre die Geschichte nicht erzählt worden vor bald zweitausend Jahren: wir gehören zu dem einem mütterlichen Gott und sind einander als Geschwister gedacht in dem einen Erden-Haus.

Gott, der Name fürs Herz aller Dinge, mütterlicher Vater, väterliche Mutter; die Söhne können auch Töchter sein - Jedenfalls, der Jüngere/die Jüngere will von den Eltern sein/ihr Erbe vorzeitig ausgezahlt bekommen. Und sie teilen ihnen das Gut. Und der/die Jüngste packt alles zusammen und zieht in die Ferne und verprasst alles.

Falsche Götter, verwahrloster Glaube

Wir wollen uns die Geschichte anprobieren, also kriechen wir in die Kleider der Geschwister. Das jüngste Kind, typisch, ist offener für neue Wege, und die Fremde lockt es mehr. Es geht aus dem Elternhaus, aus dem Glauben der Eltern, aber nimmt das Erbe mit. Das Erbe jetzt übertragen auf die Schätze der Moderne, die wir aus dem Glaubensschatz des Christentums mitnehmen, auch wenn wir die Eltern, die Kirche verlassen: etwa die Achtung vor der Würde des Einzelnen, das Recht aufs eigene Gewissen, das Vertrauen in den Weitergang des Lebens, das Prinzip Hoffnung. Und das demokratische Prinzip: Einer ist Gott und Meister. Ihr aber seid alle Geschwister, und wer Erster sein will, der sei Diener aller (Matthäus 20,26. 27). Und wissen, dass wir alle Vergebung brauchen. Und die die Freigabe der Natur zur wissenschaftlichen Beherrschung, ausgedrückt im Schöpfungsbefehl: »Füllet die Erde und macht sie euch untertan« (1. Mose 1,28). Und die zukunftsgerichtete Zeit, die auf Neues aus ist, nicht die Kreislaufzeit, die sich in Wiederholung erschöpft. Aus dem Glauben der Eltern ausziehen aber doch das Erbe, die Freisprüche des christlichen Glaubens mitnehmen - dazu gehört auch das Wissen, zu Gott zu gehören, selbst wenn man lange diese Beziehung vernachlässigt. Und Optimismus, dass wir auch in der Fremde bestehen können und nach vielen Irrwegen Frieden finden.

Das ist nur ein Ausschnitt der Schätze, die die Moderne überhaupt erst möglich machten; die der heutige Mensch ganz selbstverständlich beleiht, auch wenn er von Gott meint, fortgegangen zu sein.

Der Jüngste geht ja vom elterlichen Hof mit dem Segen. Der Glaube muss sich mit den Generationen wandeln. Wir dürfen auch ausziehen aus der Kirche unserer Eltern, Großeltern - nur: in welche? Überhaupt, wie legen wir das Erbe an? Der Jüngste vertut sein Erbe.

Wie kann man verzocken die Schätze des Glaubens, der Liebe, der Hoffnung? Wie könnte sich anfühlen verwilderter Glaube, verwahrloste Liebe, verprasste Hoffnung?

Verwilderter Glaube, das sind die falschen Götter, die wir uns machen, die Trugbilder vom kampfstarken Macher des eigenen Glücks: sich als Bevorzugte des Schicksals dekorieren, Privilegien behaupten, die Herkunft der Begabungen vergessen, unsere Leistung für unser Werk halten. Oder die verwahrloste Liebe: es gibt wohl keine öffentlich geeignete Sprache für das wichtigste Menschenthema, keinen Mittelweg zwischen Gosse und Schweigen? Haben wir nur den hölzernen Gesichtsausdruck oder das Grinsen? Keine Sprache der Symbolik, nur Sprache des Obszönen oder die Sprache der Klinik für das zärtliche Tun der Liebe (Peter Nadás)? Und die verprasste Hoffnung: Lotto, Börse, Glücksversprechen, Werbesprache, Hoppen von einem Ereignis zum nächsten.

Rettung durch Reue und Vergebung

Als der Jüngste das Seine »umgebracht hat mit Prassen«, hängte er sich an einen Reichen. Der schickte ihn zu einer Drecksarbeit, aber er wurde nicht satt. Dreck, der nicht satt macht: getätschelt und hörig; hingehalten werden von Ausbeutern, Werbung als Vertröstung. Schweinetrog modern: Fernsehen, Spaßkultur total oder Schuldenmachen, Verachten, Manien und Wahn.

Da ging er in sich: wieviel gute Arbeit hat mein Vater. Das ist die Rettung. Die Rettung heißt Erinnerung: Erinnerung an den Glauben der Kindheit, an die Schutzbilder, bevor diese zerrissen wurden von eigenem Dünkel oder von grausamen Menschen. Was Du auch erlebt hast an Verneinung und verdunkeltem Gott - Du hast auf dem Grund Deiner Seele einen Schutzheiligen, Du hast einen Glutkern der Gewissheit: Du, ein Kind Gottes - dieser Schatz gehöre als Notration in Dein Lebensgepäck: Gott liebt Dich und braucht Dich, war das Zauberwort, das Dich ins Leben rief. Du warst geliebt, wunderbar, nötig. Und bist es.

Aus der Tiefe der Herkunft siehst Du Dein Antlitz erhoben. Du weißt, dass Dein Erlöser lebt, und wird Dich noch aus dem Staub erheben (Hiob 19,25). Der Sohn läuft, läuft: Weiß, dass er sein Erbe vertan hat, damit kein Recht mehr hat, wieder als Kind aufgenommen zu werden, aber als Knecht fürs Grobe halt, als Spüler noch eine Chance hat, vielleicht. Und der Junge legt sich Worte der Reue zurecht. Als aber der Vater den Sohn sah, wie er noch weit vom Haus weg war...

Dies ist Jesu Offenbarung, dieses Bild von Gott: Der seinen Kinder die Freiheit lässt, sich von ihm abzukehren, dass sie sich selber zu Herren der Welt ausrufen; ja, sie sollen die Erde in Gebrauch nehmen mit dem Risiko, Gott zu vergessen und damit das Maß zu verlieren. Und doch ist ihnen die Ewigkeit ins Herz gelegt (Prediger 3,11). Irgendwann wird es ernst. Dann werden wir unsere kritische Spaßintelligenz, unser Lächerlichmachen noch verabscheuen. Und »der erste Schluck aus dem Becher der Wissenschaft macht atheistisch, aber auf dem Grund des Bechers wartet Gott« (Max Planck).

Das Fest des Lebens

Als er noch fern vom Haus war, sah ihn sein Vater. Ja, Gott hält nach uns Ausschau, wir sind ihm nicht abhanden gekommen, wir laufen ja in seiner Welt, nutzen seine Begabungen, treffen seine Mitmenschen, atmen seine Luft, leben von seiner Zeit. Auch wenn von uns aus der Blickkontakt abgerissen sein sollte, bleibt es zwischen Gott und uns freigeschaltet, wir waren höchstens eine Papierwand weit weg - wir liefen ja in seiner Hand, wussten es nur nicht.

So können wir endlich skeptisch werden auch gegen unsere Zweifel, können wieder beten; haben ja schon bei so viel Bewahrung ihn angerufen, bei soviel Kindheimkehr, Flugzeuglandung, Glattbügeln entrang sich uns ein Gott-sei-Dank. Wir können auch in die Religion umkehren.

Als er aber noch fern war, sah ihn sein Vater und hatte Erbarmen, er lief ihm entgegen, fiel ihm um den Hals und küsste ihn. Wie geht das? Gott fällt uns um den Hals, gibt Dir seinen Ring, schlachtet das gemästete Kalb, wie gibt uns Gott ein Fest?

Das Leben gut finden, sich vom Leben gut finden lassen. Die Freude am Gelingen ist festlich. Hunger haben, etwas zum Kochen haben, essen, möglichst nicht allein; arbeiten, etwas vorwärtsbringen - wir sind doch von Gott angesteckt, gern ein Werk zu vollbringen; Kinder, Enkel, sie müssen nicht leiblich sein; das Ziehen der Wolken sehen; und einen trösten, verstanden werden, einen sanft spüren; auswählen und ablehnen und entscheiden. Das ist das Fest des Lebens. Und, sagt Harold Brodkey: »Versuche nicht zu glänzen. Sei schlau: zeig nicht, wie schlau Du bist, und zeig nicht, wie blöd Du bist. Und sei Dir bewusst, dass Dir das irdische (und sexuelle) Recht zusteht, Deinen Umständen zu entkommen«. Das Fest, das Gott Dir anrichtet, ist auch, dass Du nicht mehr in einer miesen Geschichte mitspielen musst. Du kannst noch einmal anders glauben.

Bilder des Vertrauten loslassen
»Aber der ältere Sohn war auf dem Feld.« Dieser fast einsilbige Satz eröffnet ein Drama. In großen amerikanischen Filmen versinkt in der Abenddämmerung das leuchtende Haus, der Tanzboden, die glücklichen Menschen, die Musik ebbt ab und Zikaden lärmen los, ein staubiger Weg, ein kalter Mond, ein Mann in Arbeitszeug kommt müde auf das Haus zu. Seine Schritte halten inne, er hört Singen und Lachen. Er wischt sich die Augen. Eine Verwandlung ist passiert. Das ist eines anderen Zuhause. Er fragt einen der Knechte und weiß schon.

Der Taugenichts ist zurück und die Eltern haben ihm das gemästete Kalb geschlachtet. Sein Gesicht verdunkelt sich, er wird zornig und will nicht hineingehen, er will den Bruder nicht zurückhaben, will dem nicht mehr Bruder sein, er bleibt draußen, und grübelt.

Jahrelang hab ich die Arbeit gemacht, die Eltern haben es gut, das Anrecht aufs Erbe des Vorhandenen stand bis eben außer Frage. Der Andere galt als verschollen. Nie hat er aus der Ferne mal ein Lebenszeichen geschickt, nie was erzählt. Und hatte ich nicht auch Fernweh? Ich wollte auch mal raus, aber der Jüngste kam mir zuvor, damals. Na ja, ich war auch froh, dass er ging, gibt der Ältere sich zu, der andere konnte immer besser mit den Eltern, schmuste, ging dem Alten um den Bart und schon war er zur Tür hinaus, zu seiner Clique, ich war immer der Dumme. Aber jetzt nicht mehr. Ich geh nicht rein, kann er ja rauskommen.

Aber wehe. Er will am Feindbild »mieser Bruder« festhalten, Elternverlasser, Heimatbeschmutzer, Pleitemacher, Nichtsnutz, auch Gottloser. Er will nicht eine Verwandlung. Er will ihn festhalten an seinem schlechten Ruf. Der hat seine Chance gehabt, der Bruder. Käme der Bruder raus und ich würde ihn erzählen lassen, würde dann mein Widerstand halten? Oder jag' ich ihn davon? Sinnierend sitzt er da und will nicht hineingehen. Doch wie es mit Eltern so ist, sie leiden mehr am Streit der Kinder als die. So ging der Vater hinaus und bat ihn.

Aber den Älteren überkommt ein großer Zorn: dieser Mistkerl - alles hat er durchgebracht, und jetzt kriecht er wieder unter, ist wieder der Liebste. Und was ist mit meinen vielen Jahren Treue? »So viele Jahre diene ich Dir und habe Dein Gebot noch nie übertreten. Doch mir hast Du nie einen Bock gegeben, dass ich mal mit meinen Freunden hätte fröhlich sein können. Nun aber Dein Sohn gekommen ist, der Dein Gut umgebracht hat mit Huren, gibst Du ihm ein Fest.« Der ganze Frust des Fleißigen, Redlichen, Verzichtenden, die Tradition Bewahrenden schüttet sich aus gegen den Vater.

Der Vater erbleicht: wie kannst Du mich so falsch einschätzen. Dein Bruder hat mich nur ausgenutzt. Du aber hast mich verkannt. Du »warst allezeit bei mir« und hast mich doch als Fremden erfahren, so scheint es. Dein Bruder ist in die Fremde gegangen aber hat mein Bild mitgenommen. Du bist zu Haus geblieben und bist doch so weit weg, hältst mich für einen Despoten, von dem man bestenfalls Achtung erringt durch Fleiß und Gehorsam. Dein ist die Herde, wie kannst Du warten, bis ich Dir ein Schaf abtrete. - Dein ist das Leben, was machst Du mich zum Knauser, wartest, dass ich Dir Freiheit, Liebe, Geld, Freunde zuteile, wo

Du Dich durch Entziehen verweigerst. Dein Bruder hat alles genommen, alles gegeben, alles verprasst. Du hast nichts genommen Dir, hast nichts von Dir abgegeben, hast alles gespart. Aber jetzt geh Du los, und betrachte die Welt, und Deinen Bruder lass schuften. Er will es wieder, er kann es auch. Hauptsache, Du feierst mit, dass er lebt. Und riskiere, mich zu finden, wo Du mich nicht suchst, auch jenseits des Gewohnten.

Der Sohn schaut den Vater ungläubig an: Du würdest mich auch so vermissen, wie den Jüngsten? Du liebst mich auch? Der Vater: Mein Sohn! Wenn man immer da ist, sagt man's sich nicht so. Ich hab nicht gemerkt, dass Du nie gefeiert hast, wir hätten mehr miteinander reden sollen. Aber jetzt weinen wir miteinander, das ist ein guter Anfang, dann können wir auch feiern.

Wenn Gott einem verleidet wurde...
Das so Menschliche hat eine Tiefenschicht: Die Geschichte des Jesus entdeckt uns als Söhne und Töchter des großmütigen Gottes. - Eben nicht nur: »Von Erde bis Du genommen, zu Erde sollst Du wieder werden« (1. Mose 3,19); sondern nach seinem Bild geformt, von seinem Odem beatmet, seiner Zeichen bedürftig.

Es gibt schwierige Väter, herrische Mütter, gewalttätige Nächste, die unser Vertrauen ausgebeutet haben. Die haben uns auch Gott verleidet, haben uns misstrauisch gemacht gegenüber Glaube, Liebe, Hoffnung. Berechnende Menschen haben uns einen berechnenden Gott gelehrt, strenge einen Strengen, vernachlässigende Eltern malten in uns einen vernachlässigenden Monstergott. Schlimme Menschen haben uns einen rächenden Gott fordern gemacht. Wir wissen immer, wem der Himmel, verschlossen bleiben soll. Und noch schlimmer: Menschen können uns so misshandelt haben, dass wir uns selbst verachten, also unseren Schändern Recht geben und damit uns auch von Gott verworfen sehen.

Wem Gott verleidet und vergiftet ist, der flüchtet zu sich selbst, zieht alle verbleibende Liebe in sich ein, fürchtet jede Nähe als Kraft absaugend. Und rechtet mit Gott und der Welt, schuftet, rechnet, will den Tarif. Will keine Abhängigkeit von irgendeiner Gunst, will auch nicht Gottes Güte - will Gerechtigkeit. - So sieht das aus beim Ältesten: Arbeiten, treu sein und dann den verdienten Lohn bekommen, aber für den Prasser nur die kalte Schulter.

Doch Jesus rückt das Gottesbild zurecht: Jesus lässt den Vater sagen: »Mein Sohn, was mein ist, ist Dein.« Das klärt, was es heißt, Kind Gottes zu sein: nämlich mit Gott sein Schaffen, sein Lieben, sein Leiden mittun und mitfühlen. »Was mein ist, ist Dein«, meint doch auch: Das Herz der Welt hat Dich zum Teilhaber gemacht. So nimm Dir Freude, und lass Dir das Leben gelingen und gelinge Du dem Leben.

Einander ergänzen und Gott neu entdecken

Die Brüder feiern das Fest doch noch gemeinsam. Sie werden von einander lernen. Der Jüngere hatte die Freiheit ausgekostet, bis zu den Schweinen, bis ins Chaos, wo er sich aus dem Ruder lief und nichts mehr beherrschen konnte. Der Ältere war so ängstlich vor dem Neuen, dass er immer im Vertrauten blieb. Das Vertraute versteinerte so, dass er alles Bewegende für verboten hielt, alle Freiheit für bedrohlich.

Doch der im Chaos landete, braucht wieder die Ordnung. Der in der Sicherheit versteinerte, braucht den Mut für das Fremde. Beide waren tot, bis sie vom Vater der Freude und der Friedensordnung gefunden wurden. Und die Brüder lernen voneinander. Erst hatten sie sich von einander abgestoßen, jetzt wollen sie sich ergänzen. Jetzt arbeitet der, der sich die Auszeit nahm. Und der Fleißige geht auf die Pirsch. Beide entdecken Gott neu, sich neu, einander neu - das Leben kann beginnen: als Fest.

Bitte, beachten Sie auch die folgenden Seiten

Prospekte und Informationen beim

Radius-Verlag · Olgastraße 114 · 70180 Stuttgart
Fon 0711.607 66 66   Fax 0711.607 55 55